Liderança cristã:
a prática do pastorado

EDITORA intersaberes

O selo DIALÓGICA da Editora InterSaberes faz referência às publicações que privilegiam uma linguagem na qual o autor dialoga com o leitor por meio de recursos textuais e visuais, o que torna o conteúdo muito mais dinâmico. São livros que criam um ambiente de interação com o leitor – seu universo cultural, social e de elaboração de conhecimentos –, possibilitando um real processo de interlocução para que a comunicação se efetive.

Cícero Manoel Bezerra

*Liderança cristã:
a prática do pastorado*

EDITORA intersaberes

Rua Clara Vendramin, 58. Mossunguê
CEP 81200-170. Curitiba. PR. Brasil
Fone: (41) 2106-4170
www.intersaberes.com
editora@editoraintersaberes.com.br

Conselho editorial
Dr. Ivo José Both (presidente)
Dr.ª Elena Godoy
Dr. Neri dos Santos
Dr. Ulf Gregor Baranow

Editora-chefe
Lindsay Azambuja

Supervisora editorial
Ariadne Nunes Wenger

Analista editorial
Ariel Martins

Capa e projeto gráfico
Charles L. da Silva

Iconografia
Vanessa Plugiti Pereira

Dados Internacionais de Catalogação na Publicação (CIP)
(Câmara Brasileira do Livro, SP, Brasil)

Bezerra, Cícero Manoel
  Liderança cristã: a prática do pastorado/Cícero Manoel Bezerra. Curitiba: InterSaberes, 2016.
  (Série Conhecimentos em Teologia)

  Bibliografia.
  ISBN 978-85-5972-032-7

  1. Liderança cristã I. Título. II. Série.

  16-02271   CDD-253

Índices para catálogo sistemático:
1. Liderança cristã: Teologia pastoral:
Cristianismo 253

1ª edição, 2016.
Foi feito o depósito legal.

Informamos que é de inteira responsabilidade do autor a emissão de conceitos.
Nenhuma parte desta publicação poderá ser reproduzida por qualquer meio ou forma sem a prévia autorização da Editora InterSaberes.
A violação dos direitos autorais é crime estabelecido na Lei n. 9.610/1998 e punido pelo art. 184 do Código Penal.

sumário

7 *apresentação*

9 *introdução*

capítulo um

13 **O contexto religioso da América Latina**
15 1.1 Contexto religioso contemporâneo da América Latina
18 1.2 Rompendo os paradigmas religiosos da contemporaneidade
23 1.3 A importância da prática pastoral contextualizada para a América Latina
24 1.4 Características do movimento evangélico latino-americano

capítulo dois

29 **A volta ao sagrado como processo libertador**
34 2.1 A teologia da libertação

37	2.2 A influência da teologia da libertação no protestantismo
42	2.3 Por uma pastoral libertadora

capítulo três
51	**Em busca de uma pastoral efetiva e contextualizada**
53	3.1 O poder-serviço na América Latina
54	3.2 Um evangelho desafiador
58	3.3 Uma pastoral contextualizada para o tempo presente

capítulo quatro
81	**Reflexão contemporânea sobre a práxis cristã relacionada ao serviço pastoral**
82	4.1 O pastorado cristão

capítulo cinco
97	**Uma pastoral que faça a diferença**

capítulo seis
115	**Perigos a serem evitados**
121	6.1 Os líderes precisam ser capacitados

129	*considerações finais*
131	*referências*
141	*bibliografia comentada*
143	*gabarito*
153	*sobre o autor*

apresentação

O contexto religioso da América Latina tem características próprias. Para termos uma ideia dos desafios da liderança cristã, é fundamental compreendermos esse contexto.

Em um primeiro momento, consideraremos, nos capítulos 1 e 2, os aspectos sagrados da fé cristã, que levam o cidadão latino a compreender e experimentar seus valores e ter uma experiência de libertação, uma vez que a mensagem de Cristo liberta do medo, amplia os horizontes de vida, desperta valores e torna-se uma ferramenta de redenção e esperança.

No Capítulo 3, desenvolveremos uma análise dos estudos cristãos referentes ao tema pastoral e sua efetividade, ao ministério pastoral e suas ações relacionadas, os quais são sérios, importantes e, por assim dizer, desgastantes, não podendo ser desenvolvidos de forma intuitiva, já que alguns eixos conceituais devem ser aprimorados e aplicados.

É fundamental também, como veremos no Capítulo 4, estudarmos sistematicamente a práxis cristã, de modo a promover atividades de reflexão e ação. O agir desordenado acaba se tornando uma ação desastrosa, por isso refletir faz que os resultados sejam previstos e, de certa forma, garantidos.

Trataremos ainda, no Capítulo 5, da importância das ações pastorais relacionadas ao povo latino-americano a partir do exemplo e da convivência. Assim, ficará claro que o povo precisa ver como se deve viver para que o exemplo seja seguido. Desenvolver um ministério pastoral nesse contexto sem levar em conta o modo de vida é o mesmo que ensinar para aquele que não tem como aprender.

No Capítulo 6, veremos que o desgaste do trabalho da liderança cristã é acentuado e que, por isso, alguns procedimentos devem ser tomados como precaução. Como existem algumas "luzes vermelhas" no decorrer do caminho, aquele que exerce a tarefa sagrada da liderança cristã deve se precaver.

Por fim, examinaremos algumas características próprias do movimento religioso na América Latina, para que algumas conclusões práticas e objetivas possam ser tomadas.

Este é um livro destinado a líderes e pastores cristãos, que reúne aspectos importantes e apresenta uma trajetória a ser percorrida por aqueles que exercem a vocação cristã.

Boa leitura e bons estudos!

introdução

Com base no contexto latino-americano e nas perspectivas desafiadoras para a liderança cristã, este livro tem como objetivo fazer uma identificação de situações e oportunidades para que os líderes possam ser capacitados a servir com eficácia no serviço cristão.

No desenvolvimento do texto, abordaremos os assuntos relacionados ao sagrado e ao cotidiano da liderança, temática fundamental para a análise de pontos e de aspectos essenciais para o líder. No decorrer da obra, trataremos de questões relacionadas à liderança e a seus aspectos pastorais, já que ser líder e também pastor é estar dedicado ao cuidado com as pessoas e comprometido com as ações do reino de Deus.

Ao longo da caminhada cristã, podem acontecer imprevistos. Como todos estão sujeitos ao erro e às dificuldades pertinentes à tarefa, apresentaremos alguns pontos que alertam a respeito dessas possíveis dificuldades.

Também abordaremos algumas características do movimento evangélico e religioso da América Latina, fazendo uma leitura analítica a respeito de fundamentos da liderança.

Nosso desejo é que este livro possa ajudá-lo na prática da liderança e, ao mesmo tempo, capacitá-lo para auxiliar outros líderes, pois ser líder cristão no século XXI é estar disposto a atualizar-se no cotidiano, exercer o serviço com excelência e considerar o futuro.

O tratamento do tema *liderança pastoral* deve-se à abordagem do exercício de funções de liderança pelo pastor, um assunto que precisa ser conceituado e revisto. Em virtude da falta de referencial teórico a respeito desse tema, muito tem sido analisado em relação à liderança cristã, não a partir de um ponto de vista pastoral, mas, muitas vezes, do referencial teórico gerencial e administrativo.

Por isso, nesta obra, pretendemos apresentar os conceitos de liderança a partir de uma perspectiva pastoral. Em um primeiro momento, consideraremos o contexto religioso da América Latina, com suas peculiaridades e suas contingências. O pastor latino tem estilo próprio e precisa conhecer seu povo e as dimensões do seu trabalho pastoral.

Outros aspectos a serem considerados, por exemplo, são o sagrado e o profano: não pode o sagrado vestir uma roupa que não se identifique com o povo, mas cabe a ele apresentar uma proposta de libertação, pois, como disse Jesus, "Conhecereis a verdade, e a verdade vos libertará!" (Bíblia. João, 2013, 8: 32). Somos chamados para uma vida de liberdade e realização da vontade de Deus.

Uma pastoral efetiva deve ir em direção ao povo, atender ao órfão, ao pobre, à viúva e ao estrangeiro. Na essência, é assim que deve ser a verdadeira religião. O pastor é um profeta da religião, e esta se torna uma realidade à medida que ações práticas de amor são exercidas em favor daqueles que sofrem.

A prática pastoral deve se transformar em serviço, em ações de amor para aqueles que precisam. Para haver ação pastoral, deve haver serviço de amor, assim a pastoral se torna evidente, atende aos necessitados e representa Jesus em todos os segmentos da sociedade.

Uma pastoral que faz a diferença não pode acostumar-se com a injustiça, deve ser a voz de Deus para aqueles que não têm voz, deve ser influência para aqueles que não sabem posicionar-se diante das injustiças da sociedade. O pastor da Bíblia deve saber dos perigos que corre, deve estar revestido da couraça da justiça e do evangelho da paz.

A América Latina é típica, com sua realidade caracterizada pela miscigenação e pelas diferentes culturas vividas por seu povo alegre e contagiante, com suas cores fortes e deslumbrantes e com o pano de fundo para desenvolver uma pastoral alegre e motivadora para o povo de Deus.

Dessa forma, desenvolvemos esta obra com o profundo objetivo de que possa ser edificante e orientadora para seu aprendizado.

capítulo um

O contexto religioso da América Latina

01

O Brasil é um país no qual a religião ocupa um lugar de suma importância. Para os católicos, há um código de honestidade, de retidão e de afeição no interior do círculo familiar, com os pais, os amigos íntimos e os associados próximos, e outro código de denominação, que regula a vida exterior, cujo modelo seria o do "caudilho". Esse modelo nasceu no Renascimento e, segundo Dealy (1992, citado por Corten, 1996, p. 135), seria fundamentalmente distinto do modelo que nasceu da Reforma Protestante, em que havia a mesma honestidade, mas também a mesma competição que rege a vida pública e a vida privada. Quando a influência religiosa conduz a vida pública, chega-se a ponto de ponderar sobre o fato de os valores cristãos emergirem de forma tão forte que se entrelacem entre os protestantes e estes, sem se darem conta, deixem-se influenciar por valores que não são ideais decorrentes da Reforma Protestante, tais como a observância de feriados predominantemente religiosos.

No decorrer desta construção conceitual, almejamos abordar certas questões ordinárias com respeito ao poder pastoral. Com vistas a encontrar caminhos de libertação, estudaremos os postulados praticados e vividos por Jesus de Nazaré, partindo do pressuposto de que "A verdade vos libertará" (Bíblia. João, 2013, 8: 32).

1.1 Contexto religioso contemporâneo da América Latina

Atualmente, vive-se uma religião mercantilizada, que tem trocado o sagrado pelo econômico, e esse não é um assunto novo. Sem a intenção de nos repetirmos, podemos dizer que hoje "vende-se a fé", por um preço módico e acessível, ao sujeito que crê e está disposto a seguir as normas estabelecidas pelo mercado.

O sentido ideológico das pregações dos pastores manifesta-se na medida em que este manipulam, para proveito próprio, os espaços sensíveis e problemáticos dos fiéis, sobretudo no que concerne à saúde, aos problemas econômicos e à vida sentimental, pois, em troca da solução desses problemas, os pregadores exigem dons para Jesus e adesão à Igreja. Para muitos pastores, não são apenas os problemas econômicos ou financeiros que demandam uma contrapartida financeira, mas também o que acontece de bom na vida dos fiéis e da família destes (Corten, 1996, p. 78). Forma-se, assim, uma religião manipuladora, a qual faz uso de ofertas misteriosas e mágicas que provêm de um "deus" (ideologia do mercado) que se agrada somente com o presente e com os compromissos inconsequentes de seus fiéis.

A religião tem sido um palco (ou picadeiro) para exploração e abusos dos mais diversos. Pessoas sinceras e tementes a Deus se submetem a sujeitos manipuladores e desejosos de destaque, que usam subterfúgios absurdos para lesar a boa-fé de pessoas despreparadas e fascinadas pela religião. Uma pastoral séria e efetiva deve caminhar dentro dos postulados bíblicos ensinados por Jesus, que não se deixou levar pela religião e lutou contra qualquer espécie de manipulação. Ao analisarmos esse contexto, não podemos nos esquecer de que existe certa cumplicidade de um povo que se submete a esse sistema religioso.

Essa situação está arraigada na América Latina, que foi e continua sendo um dos continentes mais convulsionados do mundo. Especialmente nos últimos 50 anos, em virtude de diversos fatores, a crise socioeconômica de nossos povos vem se tornando mais aguda. As condições humanas vão se deteriorando cada vez mais, e nossa saúde física, social e moral clama por uma mudança radical que nos permita viver mais dignamente, como criaturas de Deus, feitas a Sua imagem e semelhança. É tremendo o desafio que se apresenta diante dos cristãos.

Segundo Ruy dos Santos Siqueira[1] (2015),

> *A figura de Deus é abolida do espaço social e civilizatório, no estágio de modernização. Deus não mais será entendido como força sobrenatural que se exterioriza através de um domínio absoluto do destino cósmico e humano, mas como produto da própria vontade e presente na construção humana. Deixa de ser entendido enquanto uma espécie de entidade autônoma. Será reduzida a ideia e o conceito de mera produção da mente humana.*

---

[1] Teólogo, arte-educador, mestrando em Ciências da Religião pela Universidade Metodista de São Paulo (Umesp), membro da Igreja Cristã de Brasília e professor de Ética no Centro Universitário de Brasília (UniCEUB – Brasília-DF).

Sobre o assunto, Franz Hinkelammert e Hugo Asmann chegaram a afirmar que há

> a "idolatria do mercado", a qual se transformou na religião mais comum em nossas cidades, cujo maior símbolo (templo) são os shopping centers. O novo discurso é marcado pela competitividade (competição) e pelo individualismo, projeto e ascensão social a qualquer custo. Há uma nova "espiritualidade" em gestação: é preciso colocar a "fé" no mercado. A elite fala em sacrifício... da classe trabalhadora e da classe média, é claro! Sacrifício que tem como resultado a crescente marginalização de milhões de pessoas do sistema produtivo e, consequentemente, do mercado. A elite integrada no mercado (vida econômica e social) é a principal adepta desta nova espiritualidade, marcada também pela insensibilidade. (Castro, 1996, p. 104)

Hoje, experimentam-se nas cidades todos os tipos de religiosidade, há uma presença muito forte de diversas manifestações de espiritualidade, e é possível até encontrar "igrejas-supermercados", especializadas na venda de produtos religiosos (bens simbólicos). O cotidiano, especialmente nos grandes centros urbanos, implora pela presença do sagrado. Pessoas de todas as faixas etárias, pertencentes às diversas classes sociais, estão experimentando o dia a dia das metrópoles, marcado pela solidão, pelo estresse, pela depressão e por tantos outros sentimentos que comprovam a incapacidade do ser humano em construir cidades nas quais possa viver sua humanidade de forma plena – são espaços desumanos (Castro, 1996, p. 98). Em decorrência disso, em uma desenfreada busca por sua humanidade, o indivíduo se torna animalesco, se perde em seus próprios conflitos e se deixa contagiar por alucinantes propostas religiosas.

1.2 Rompendo os paradigmas religiosos da contemporaneidade

Nesse contexto de descontrole, cabe uma proposta libertadora que possa alcançar o indivíduo em todos os aspectos existenciais. Não seria absurdo dizer que é preciso uma "libertação" (rompimento com determinados paradigmas) da religião que não conduz a Deus, mas conduz ao mercado, que cumpre um papel manipulador e não coloca em prática os postulados de Jesus, os quais, por sua vez, estão voltados para a libertação em todos os sentidos, como se propõe no "evangelho integral" (O Evangelho todo, para o homem todo, para todos os homens).

Devemos considerar com seriedade o fato de que a América Latina é uma região heterogênea, pluricultural e plurilinguística, na qual os diferentes grupos humanos vivem lado a lado, relacionam-se e influenciam-se mutuamente, não como entes isolados e autônomos. Os processos culturais dessas localidades são muito dinâmicos, mutantes e complexos; portanto, a Igreja de Cristo precisa desenvolver uma pastoral que esteja atenta e disposta a proclamar com ousadia e fidelidade as boas-novas do evangelho (o compromisso com os valores do reino de Deus).

A mistura de raças típica desse espaço, originada da relação entre os povos branco, negro e indígena, resultou em uma interação humana e cultural a ser considerada. Segundo uma tese defendida por estudiosos, a falta de avanço das sociedades latinas deve-se ao fato de a mistura de raças divergir das raças "puras" da América do Norte, que não se misturaram, o que gera preconceitos raciais acentuados. A diversidade cultural é notada desde o camponês do nordeste brasileiro até o cidadão andino (aquele que vive na

Cordilheira dos Andes), nos costumes e nas diferentes culturas que caracterizam o povo latino.

No contexto latino-americano, vive-se em um continente com aproximadamente 612 milhões de habitantes, segundo estimativas para o ano de 2015 (Pnud, 2013). Segundo González (2015), "A Comissão Econômica para a América Latina e o Caribe (Cepal) estima que, em 2014, 28% dos latino-americanos viviam na pobreza, uma porcentagem quase idêntica à de anos anteriores. São 167 milhões de pessoas, dos quais 71 milhões vivem na indigência, no limite da subsistência, situado em dois dólares por dia". Assim, não podemos negligenciar de forma nenhuma as necessidades de nosso povo, que sofre em razão da falta de estrutura que se acentua por meio da educação ruim, dos valores éticos distorcidos e dos princípios morais alterados. Che Guevara (citado por Galeano, 1985, p. 90) dizia que "o subdesenvolvimento é um anão de cabeça enorme e barriga inchada: suas pernas débeis e seus braços curtos não se harmonizavam com o resto do corpo".

A exploração tem sido uma marca do povo latino desde sua origem. A terra rica e produtiva despertou a cobiça do restante do mundo. O pobre e subdesenvolvido não tinha como avaliar o tipo de saque que estava sofrendo. Nesse sentido, a Espanha foi uma grande exploradora das riquezas da América, como bem afirma Galeano (1985, p. 18):

> *Entre 1503 e 1660, chegaram ao porto de San Lúcar de Barrameda 185 mil quilos de ouro e 16 milhões de quilos de prata. A prata transportada para Espanha em pouco mais de século e meio excedia três vezes o total das reservas europeias. E é preciso levar em conta que essas cifras oficiais são sempre minimizadas. Os metais arrebatados aos novos domínios coloniais estimularam o desenvolvimento europeu e pode-se mesmo dizer que o tornaram possível.*

Em uma abordagem filosófica, vale considerar o que pressupõe Arendt:

> *Além das condições nas quais a vida é dada ao homem na terra e, até certo ponto, a partir delas, os homens constantemente criam as suas próprias condições que, a despeito de sua variabilidade e sua origem humana, possuem a mesma força condicionante das coisas naturais. Neste contexto filosófico, as culturas são estabelecidas e perpetuadas entre os povos, e não foge a regra o povo latino. O que quer que toque a vida humana ou entre em duradoura relação com ela, assume imediatamente o caráter de condição da existência humana. Tudo que adentra o mundo humano, ou para ele é trazido pelo esforço humano, torna-se parte da condição humana. A objetividade do mundo – o seu caráter de coisa ou objeto – e a condição humana do mundo complementam-se uma à outra; por ser uma existência condicionada, a existência humana seria impossível sem as coisas, e estas seriam um amontoado de artigos incoerentes, um não mundo, se esses artigos não fossem condicionantes da existência humana.* (Moraes; Bignotto, 2001, p. 23)

Podemos afirmar, nesse sentido, que a exploração passa a ser uma condição difícil de ser alterada sem que haja uma proposta forte e alternativa que afete o indivíduo em seus mais elevados valores, demonstrando que, se preciso for, deverá entregar a própria vida para que experimente a libertação e viva um ideal ainda mais elevado.

> *A lógica colonialista anglo-saxônica consistiu em depreciar a cultura dos povos colonizados. Segundo essa lógica, modernizar o mundo significava retirar qualquer resquício de envolvimento mitológico, através do espírito da razão, da ciência e do progresso." Contudo, não seriam essas novas categorias míticas? Encontram-se, ainda, nos escritos positivistas de Comte, uma tentativa de superação da etapa mítica, presente na clássica teoria dos três estágios de progresso da humanidade.* (Moraes; Bignotto, 2001, p. 25)

Para Moraes e Bignotto (2001, p. 25), mito[2], Deus e religião são considerados o primeiro estágio (teológico) de toda civilização, marcado pela ignorância e pelo medo das forças sobrenaturais. Surge, assim,

> *a oposição entre os detentores de monopólio da gestão dos sagrados e os leigos, objetivamente definidos como profanos, no duplo sentido de ignorantes da religião e de estranhos ao sagrado e ao corpo de administradores do sagrado, constitui a base do princípio da oposição entre o sagrado e o profano e, paralelamente, entre a manipulação legítima (religião) e a manipulação profana e profanadora (magia ou feitiçaria) do sagrado, quer se trate de uma profanação objetiva (ou seja, a magia ou a feitiçaria como religião dominada), quer se trate da profanação internacional (a magia como antirreligião ou religião invertida).*
> (Bourdieu, 1987, p. 43)

> *O segundo estágio é o denominado estágio teleológico – refere-se à natureza – e é ligado à origem da vida no próprio cosmos. Por fim, o terceiro e último estágio, dito positivo, é aquele que se associa à ciência enquanto verdade empírica da realidade e, nele, se destaca o conteúdo positivo. Todavia, a história contemporânea comprova, quase diariamente, que o "homo occidentalis" não logrou êxito civilizacional, a despeito de sua insistência em classificar o mito como categoria primitiva. Assim, o único mérito presente na autocrítica da modernidade foi o estabelecimento de uma nova interpretação da subjetividade, menos etnocêntrica e menos dualística. A partir do surgimento das escolas críticas e fenomenológicas, no início deste século, o conceito de mito sofreu um processo de desconstrução. Observa-se que, com o estabelecimento da ideia de civilização, erigida e fundamentada na teoria do progresso humano, fortemente*

---
2 Interpretação primitiva a respeito da origem do mundo.

> *dominada pela técnica, o mito passou a assumir novas formas simbólicas. A tentativa de delimitar e emprestar o caráter essencialmente técnico à história, que compreendia a negação, pura e simples, de toda e qualquer experiência não comprovável pela ciência positiva, fracassou. Sabemos que um dos referenciais da crise em que se debate a modernidade é, exatamente, a sua incapacidade de superar, pela racionalidade e cientificidade, a experiência humana do tempo interior e das coisas. O tempo do indivíduo e o tempo da realidade jamais podem ser objeto de apropriação ou de manipulação absoluta.* (Siqueira, 2015)

Nesse contexto filosófico e ideológico é formulada a cultura latino-americana, dentro de uma proposta voltada para anular o sagrado e manipular qualquer sinal cultural legítimo que possa surgir entre os nativos. Nessa perspectiva, o nativo não pode pensar, precisa de alguém para pensar e produzir intelectualmente por ele. Assim, todo postulado ou conceito que se apresente ou que seja proposto deve passar por outras fontes culturais, que sejam estruturadas há mais tempo e que possam inibir qualquer iniciativa da cultura mais fraca, se assim se pode dizer. O místico, original do povo, passa a ser uma fonte de manipulação, trata-se o sobrenatural de uma forma totalmente descaracterizada dos princípios bíblicos, sendo que, para pensar na atuação de Deus entre os homens, não se pode negar o aspecto sobrenatural e místico, pois Ele age de maneiras milagrosas que ultrapassam os limites do natural – a salvação cristã depende de fé, e esses conceitos se constroem no campo do sobrenatural.

1.3 A importância da prática pastoral contextualizada para a América Latina

Uma proposta pastoral relevante não pode desconsiderar questões como o baixo índice de alfabetização do povo, as superstições, a ignorância e um atraso generalizado em compração com as nações em desenvolvimento. Cavalcanti (1997) afirma que o povo latino tem uma lacuna de conhecimento ético, razão pela qual não pode implementar o reino de Deus por ele mesmo, já que o reino de Deus deve seguir os padrões Dele, seu criador, não os nossos, de humanos falhos e limitados.

A ética individualista e moralista para pequenas relações é nossa tradição, o que se traduz em um legalismo negativista. Declaramos moral apenas aquilo que nos interessa. Falta a construção de uma ética mais abrangente, que envolva cidadãos, empresas, Estado, uma ética pela qual os cristãos sejam julgados por aquilo que afirmam e fazem, não por aquilo que deixam de fazer, o que evitaria a criação de um comportamento cristão para pequenas relações e de um comportamento mundano para as relações maiores da vida humana.

"No que diz respeito ao Estado, posso agir de outra forma, porque, na verdade, não serei prejudicado por isso" – este tem sido o pensamento comum e o procedimento de muitos com relação aos pressupostos éticos. Faz-se uma separação de difícil compreensão entre o sobrenatural e o natural, entre o espiritual e o natural. Nessa construção, esquece-se de que somos seres "integrais" (corpo, alma e espírito), não sendo possível dividir a existência humana em determinados segmentos, pois existimos e interagimos em uma integralidade constituída por Deus para que possamos exercer todas as faculdades humanas sem conflito.

1.4 Características do movimento evangélico latino-americano

O movimento evangélico latino-americano é uma resposta da Igreja cristã protestante para as demandas do continente, principalmente sociais, políticas, religiosas e educacionais. A América Latina é uma região com suas peculiaridades; assim, para fazermos constatações a respeito do movimento evangélico, precisamos levar em conta algumas características.

1. Em um movimento majoritariamente leigo, propaga-se mediante o testemunho de crentes comuns, em sua maioria organizado com recursos teológicos, humanos econômicos e locais próprios.
2. Apela para uma experiência pessoal de salvação (denominada *conversão*, *novo nascimento*, *plenitude do Espírito Santo* etc.) e insiste no fato de que essa experiência pessoal está ao alcance de todos.
3. Estimula novos crentes para a Evangelização, fazendo de cada novo crente uma testemunha desde o momento da sua conversão, cujo raio de ação se amplia a partir de seu núcleo familiar, seus parentes e conhecidos.
4. Anuncia mudanças, transformações e poder, mensagem que tem muita força perante um povo que tem sofrido muitos desencantos. O evangelismo tem sido capaz de articular junto ao povo possibilidades de mudanças.
5. Insere os crentes em comunidades dinâmicas e criativas. Para milhões de latino-americanos que perderam suas identidades ao se mudarem do campo para a cidade, ou que vivem marginalizados ou anônimos nas grandes cidades, o evangelismo oferece uma comunidade de base, sendo um lugar para convívio e comunhão com os crentes.

6. Representa um movimento de educação informal e popular. Para começar, cada crente se prepara para articular sua fé (Steuernagel, 1993, p. 153).

Não podemos negar o fato de que o mundo latino e sua Igreja têm muito a contribuir com o processo de evangelização do mundo. Homens comprometidos com Deus e treinados por Ele vão ascender em meio às Igrejas e às lideranças já existentes, para espalhar a mensagem de Jesus e levar o evangelho aos necessitados.

Síntese

A maravilhosa América Latina é formada por um caldeirão de culturas e aspectos diferenciados de várias religiões. A partir desse caldo cultural, várias manifestações de fé se apresentam e influenciam os fiéis de diferentes maneiras.

É possível dizer que a alegria contagiante do povo e a fé genuína e pura caracterizam diferentes situações que exigem um cuidado pastoral atuante e contextualizado.

Atividades de autoavaliação

1. Considerando a questão proposta, indique se as afirmações a seguir são verdadeiras (V) ou falsas (F):

    Qual é o espaço ocupado pela religião em um país católico?

    ( ) A religião não interfere na vida das pessoas.
    ( ) A religião influencia todos os setores da sociedade.
    ( ) O povo latino-americano faz da religião um adendo cultural.
    ( ) Os fundamentos religiosos na América Latina tiveram influência mística.

Assinale a alternativa que corresponde à sequência correta:

a) V, V, V, V.
b) V, F, V, V.
c) F, V, F, F.
d) F, F, V, V.

2. Considerando a questão proposta, indique se as afirmações a seguir são verdadeiras (V) ou falsas (F):

Como o poder religioso pode se tornar uma ferramenta de manipulação dos fiéis?

( ) Com atividades religiosas.
( ) Por meio da manipulação religiosa realizada por pessoas mal-intencionadas.
( ) Desenvolvendo a história das religiões.
( ) Usando textos da Bíblia.

Assinale a alternativa que corresponde à sequência correta:

a) F, V, F, F.
b) V, V, V, V.
c) V, F, V, F.
d) F, F, V, V.

3. Considerando a questão proposta, indique se as afirmações a seguir são verdadeiras (V) ou falsas (F):

Quais são os passos necessários para evitar que haja manipulação entre os fiéis?

( ) Ensino das Escrituras e das práticas relacionadas à fé cristã.
( ) Trabalho político entre o povo.
( ) Estratégias religiosas.
( ) Programa litúrgico.

Assinale a alternativa que corresponde à sequência correta:

a) F, V, V, V.
b) V, F, F, F.
c) V, V, V, V.
d) F, F, F, F.

4. Considerando a questão proposta, indique se as afirmações a seguir são verdadeiras (V) ou falsas (F):

Quais são os símbolos da idolatria ao mercado?

( ) Bíblia, religião, consumismo e ativismo.
( ) *Shopping centers*, lojas e marcas famosas.
( ) Dinheiro, consumo, festas e ilusão.
( ) Religião, fé, consumo e comércio.

Assinale a alternativa que corresponde à sequência correta:

a) F, V, F, F.
b) V, V, F, V.
c) F, F, V, V.
d) V, V, F, F.

5. Considerando a questão proposta, indique se as afirmações a seguir são verdadeiras (V) ou falsas (F):

O que constitui o perfil religioso da América Latina?

( ) Ética individualista, moralismo, legalismo.
( ) Moral, religião, ação ética.
( ) Moralismo, ativismo, filosofia.
( ) Ética religiosa, noção de civismo, ação de cidadania.

Assinale a alternativa que corresponde à sequência correta:

a) V, V, V, F.
b) V, F, F, F.
c) F, F, F, V.
d) V, F, F, V.

Atividades de aprendizagem

Questões para reflexão

1. Pesquise e estude em grupo sobre a formação cultural do povo latino-americano.

2. Estude em grupo sobre as principais características do povo latino-americano. Para isso, considere a alegria, o misticismo, a convivência, a amizade e a perseverança como itens fundamentais.

Atividade aplicada: prática

1. Visite um bairro de sua cidade ou uma região em que vivam pessoas de outros países da América Latina – como Bolívia, Chile e Argentina – e converse com elas com o objetivo de identificar traços culturais relativos ao local de origem.

capítulo dois

A volta ao sagrado como processo libertador

02

Com base na situação descrita no Capítulo 1, surge a principal variável dessa reflexão: o poder. Como explica Boff (1992, p. 4),

> *Parafraseando Kant*[1]*, poderíamos dizer: o poder é chamado ao serviço, mas inclinado à dominação. Esse é seu paradoxo e seu drama.*
> *A raiz disso é que a potência busca a onipotência. Esse é o dinamismo autoexpansivo do poder, exposto de modo muito realista por Hobbes no Leviatã: "O poder quer sempre poder e mais poder". É o que se chama hoje o "lado demoníaco" do poder, lado esse recebido desde sempre, mas posto à luz mais recentemente, depois da experiência histórica dos vários totalitarismos (de Jouvenel, Meinecke, Ritter, Tillich etc.).*

....
1   Filósofo prussiano geralmente considerado como o último grande filósofo da Era Moderna.

As questões religiosas estão relacionadas ao poder, que tem sido usado para a dominação, ao invés de para o serviço, uma questão fundamental. Se o poder quer sempre ainda mais poder, o domínio passa a ser o desejo dos poderosos, e os pobres e fracos que não conhecem as regras de seu exercício acabam sendo manipulados, por motivos distorcidos.

> *A teologia não vê nessa dinâmica interna do poder algo de sua estrutura criacional, mas de sua estrutura histórico-concreta. A fonte da "lógica demoníaca" do poder se encontra no próprio ser humano em sua situação pós-lapsária. De fato, porque "vulnerada pelo pecado", a pessoa humana é incapaz de integrar totalmente suas pulsões vitais, no caso, a "vontade do poder", a ambição ou libido dominandi (Agostinho).*
>
> *A "tentação do poder" pertence à experiência quotidiana. Exprime-se na expressão: "O poder subiu-lhe à cabeça".* Principatus virum ostendit – *disse Bias, um dos sete sábios da Grécia, repetido por Tomás de Aquino. (De Reg. Princ. I, 10)*
>
> *Contudo, é verdade também que o holismo do poder acaba fracassado. É a tragédia de todo o poder despótico. Pois nenhum poderoso faz o que quer. Encontra sempre pela frente outro poder, nem que seja dignidade do mártir. A martyria faz frente à hhybris. Face ao Rei sempre se levanta o Profeta, individual ou coletivo.* (Boff, 1992, p. 4)

Nesse contexto, o poder deve ser exercido em função do fraco e do oprimido, e não praticado ou exercido em função de si mesmo; tampouco deve aproveitar a ignorância ou valores distorcidos para manipular ou estimular o fascínio daqueles que não conseguem desenvolver uma concepção crítica ou analítica do modelo praticado. Em detrimento dessa situação, surgem como proposta os conceitos do evangelho.

O evangelho parte do real. Ora, o real do poder é a dominação. Daí o apelo à conversão do poder em serviço.

As referências nesse sentido são muitas. Temos duas tradições, aliás, entrecruzadas: a relativa do "primeiro" e "grande", que é chamado a se tornar "último", "servo", "escravo" (Mc 10: 43-44; Mt 20: 26-27 e Lc 22: 24-29); e a tradição da "criança", como o "maior" no Reino (Mc 9: 33-37; Mt 18: 1-5 e Lc 9: 46-48).

Mas existe também e sobretudo o exemplo do próprio Jesus: "o Filho do Homem não veio para se ser servido..." (Mc 10: 45); "Eu, que sou Mestre e Senhor, vos lavei os pés..." (Jo 13: 14).

O novum *da concepção que Jesus tem do poder está no nítido contraste que ela estabelece entre o poder-dominação das nações. "Não seja assim entre vós": essa é a marca da ruptura revolucionária que traça Jesus entre o poder vigente e um poder alternativo. Por aí não suprime a ideia de poder, mas a* **supera***, dando-lhe outro conteúdo e outra direção. Surpreendentemente, é desse modo que Jesus recupera o sentido* **originário** *do poder que, como vimos, é e deve ser serviço. O poder-dominação não é poder verdadeiro. "Governar homens não é o mesmo que dominar escravos" (Rousseau) (cf. Mc 10: 42; trad. Possível: "Os que* **parecem** *chefes das nações").*

De fato, é como serviço que o poder político foi apresentado na grande tradição antiga, especialmente a representada por Platão e Aristóteles. Aí, o que serve aos interesses do povo merece de verdade o título de rei; o que serve a seus interesses chama-se tirano e não rei.

O Evangelho realiza, pois, a restitutio *ou* reinventio *da verdade primária do poder na sociedade. Mas isso sob forma* **profética***, isto é, com um vigor e uma radicalidade que não encontram paralelo na reflexão filosófica antiga. Desse modo, o Evangelho só faz* **radicalizar** *ao extremo o conceito racional do poder, o que dá à sua mensagem uma eficácia que a filosofia antiga desconhecia.* (Boff, 1992, grifo do original)

Bourdieu (1987, p. 46-47) explica que a religião exerce um efeito de consagração, porém

> *É preciso não confundir o efeito de consagração que todo o sistema de práticas e de representações religiosas tende a exercer, de maneira direta ou imediata no caso da religiosidade das classes dominantes, de maneira indireta no caso da religiosidade das classes dominadas, com o efeito de conhecimento-desconhecimento que todo sistema de práticas e de representações religiosas exerce necessariamente enquanto imposição de problemática e que constitui de fato a mediação mais dissimulada pela qual se exerce o efeito de consagração. Os esquemas de pensamentos e de percepção constitutivos da problemática religiosa podem produzir a objetividade que produzem somente ao produzirem o desconhecimento dos limites do conhecimento que tornam possível (isto é, a adesão imediata, sob a modalidade da crença, ao mundo da tradição vivido como "mundo natural") e do arbitrário da problemática, um verdadeiro sistema de questões que não é questionado.*

Se não admitirmos e praticarmos a ética cristã, cederemos espaço para a ética secular disseminada pela cultura política de nossos países. Sem essa conscientização, poderemos partir para a militância política apenas para tomar vantagens e buscar *status*, poder, prestígio ou bens materiais. Cavalcanti (1986, p. 97) afirma que

> *Não há futuro nem presente para aqueles que desconhecem e desvalorizam seu passado, renegam ou desvalorizam ou até mesmo espiritualizam os ensinos políticos da palavra de Deus e a construção teórica e prática de uma ética política, expressão mais abrangente do compromisso ético do convertido.*

2.1 A teologia da libertação

Em uma tentativa de debater as questões da conscientização na América Latina, surgiu o que passou a ser chamado de *teologia da libertação*, abordada por Gondin (1986, p. 140) da seguinte maneira:

> A Teologia da Libertação efervesceu nos anos 60 por todo o mundo católico latino-americano. Diante da Miséria, do sistema semifeudal da economia e do profundo distanciamento do clero das bases, teólogos católicos formularam uma concepção de igreja que nascesse a partir das aspirações de sua base. "Usando o socialismo como alvo e o marxismo como ferramenta de análise da sociedade", essa teologia tornou-se a principal corrente de pensamento teológico influenciando a grande maioria dos centros de reflexão crítica religiosa da América Latina.

Essa seria uma pequena nuvem de reflexão teológica, construída no contexto do povo e para o povo, como alguns dizem; poderia ser chamada de *teologia de pé no chão*, desenvolvida com base na realidade experimentada no cotidiano, que tenta mostrar caminhos ou opções libertadoras, propõe para o homem um encontro com sua humanidade, apresenta Cristo como paradigma para uma vida cristã autêntica e promulga pautas libertadoras no que diz respeito à religião oficial ou às estruturas religiosas predominantes.

De onde vem a fórmula *teologia da libertação*? A palavra *libertação* pertence ao léxico político da época em que essa ideia começou a ser considerada (1968 – movimento de libertação nacional). O Brasil e vários países da América Latina estavam, na ocasião, imersos em uma ditadura avassaladora, que enfraquecia todo tipo de iniciativa voltada para a liberdade do povo. A expressão *teologia da libertação*, aparece, primeiramente, no léxico econômico relacionada ao par dependência/libertação; em seguida, emerge também, como veremos mais adiante, no léxico pedagógico. Ora, eis que surge então no discurso teológico e torna-se a fórmula principal dessa corrente de estudos (Corten, 1996, p. 21).

Teólogos latino-americanos reuniram-se na Europa e na América Latina. Um desses encontros, realizado em março de 1964, em Petrópolis (Rio de Janeiro), e organizado por Ivan Illich, foi o primeiro do lado católico. Do lado protestante, a fundação da Iglesia y Sociedad en América Latina (ISLA), em 1961, na qual já se falava de teologia da revolução, marcou o papel de vanguarda de certos teólogos protestantes. Mais importantes do que a história dos acontecimentos ou dos textos são as formas como se viu, como se falou, como se contou esse fenômeno, pois apenas algumas pessoas muito bem selecionadas tinham conhecimento dessas reuniões e os textos escritos nessa ocasiões foram lidos somente por alguns milhares de leitores.

Dali em diante, a teologia da libertação seria muito discutida. Muitos questionaram: O que era exatamente? Era o fundamento da "opção preferencial pelos pobres", adotada pela Igreja latino-americana em Medellín (Colômbia)? Era uma estratégia dos comunistas, como pretendia o Relatório Rockfeller[2], de 1969, ou, ao contrário, era um dispositivo da Igreja para captar uma nova clientela? Era uma estratégia de diferenciação de intelectuais, em relação a leigos, a outros teólogos e à sociologia? Era produto do movimento estudantil dos anos 1960? Era uma expansão ideológica da posição da Igreja diante do Estado autoritário? Era uma expressão das comunidades eclesiais de base ou uma prática pastoral? Era uma

---

2   Em 1968, Nelson Rockefeller, membro do clã bilionário da Standard Oil, a maior companhia de petróleo da época, e Richard Nixon, vice-presidente dos Estados Unidos, emitiram um relatório que assegurava que a Igreja não era mais um "aliado confiável para os Estados Unidos" no continente americano e acrescentava que o catolicismo havia se tornado "um centro perigoso de revolução potencial" sob o pretexto de teologia da libertação.

ameaça de cisma ou uma luta de poder no interior da Igreja? Era uma ideologia de ruptura com o Iluminismo e com a romanização ou, ao contrário, era uma versão renovada da doutrina social da igreja? (Corten, 1996, p. 19).

Em junho de 1968, em Chimbote (Peru), o teólogo peruano Gustavo Gutiérrez[3] participou de uma conferência sob o título *Teologia da libertação*. O documento preparatório da Conferência de Medellín (realizada entre 24 de agosto de 1968 e 6 de setembro de 1968), intitulado *Estrutura social da Igreja*, foi redigido por Gutiérrez, que é considerado o "pai da teologia da libertação".

Padre diocesano, Gutiérrez estudou em Louvain e Lyon (França). Quando esteve na Bélgica, viu desenvolver-se uma corrente na qual François Houtart insistia no "uso da sociologia no processo de reflexão teológica". Essa ideia estendeu-se por toda a América Latina, onde foram abertos centros de sociologia religiosa. A meditação sociocrítica típica da teologia da libertação inscreve-se nessa linha, despojando-se ao mesmo tempo de seu positivismo ingênuo (Corten, 1996, p. 19). Apenas a título de curiosidade, na época desses acontecimentos, fazia pouco tempo que Camilo Torres[4], conhecido como o "padre guerrilheiro", havia morrido. Gutiérrez ficou bem próximo de Camilo quando esteve em Lovaina (Bélgica), mas estava longe de compartilhar o radicalismo do amigo.

---

3 "Em maio de 1969, Gustavo Gutiérrez foi para o Brasil, que vivia então as horas mais escuras da ditadura militar. Ali encontrou estudantes, militantes da Ação Católica, padres cujo testemunho enriqueceria a sua reflexão que desembocou na sua obra fundamental: *Teologia da libertação*. 'Antes do Concílio', especifica, 'João XXIII havia anunciado: a Igreja é e quer ser a Igreja de todos, e particularmente a Igreja dos pobres'" (IHU, 2012).

4 Colombiano, morreu em 1966 em seu primeiro combate pelo Exército de Libertação Nacional (ELN).

Um pouco mais tarde, ainda em 1968, o teólogo protestante brasileiro Rubem Alves apresentou, na Universidade de Princeton (Estados Unidos), sua tese de doutorado, intitulada *Toward a Theology of Liberation* ("Rumo a uma teologia da libertação", em português), que foi publicada no ano seguinte, mas com outro título por decisão do editor. *A Theology of Human Hope* foi posteriormente traduzido pela Editions du Cerf (França), em 1972, sob o título *Teologia da esperança*, que deu origem a *Christianisme, opium ou libération? Une théologie de l'espoir humain*, resultado da forte influência dos teólogos reformados Jürgen Habermas e Karl Barth[5], que marcou toda a teologia da libertação, mas de forma subterrânea, pois, apesar do ecumenismo, esta se mostra habitualmente como católica e de órbita neoliberal (Corten, 1996, p. 22).

2.2 A influência da teologia da libertação no protestantismo

No período citado, "o Protestantismo sofreu imensa influência de escritores como Gustavo Gutiérrez, Leonardo Boff e Hugo Assmann[6]" (Corten, 1996, p. 27), autores considerados pelos centros intelectuais como os "pais da teologia da libertação", os quais escreveram vários livros e ensaios que têm sido usados por muitas escolas e diversos

---

5   Karl Barth (1886-1968) nasceu em Basileia (Suíça) e foi um teólogo cristão-protestante, pastor da Igreja Reformada e um dos líderes da teologia dialética e da neo-ortodoxia protestante.
6   Hugo Assmann, teólogo católico brasileiro, desenvolveu importante obra após o Concílio Vaticano II. É considerado um dos pioneiros da teologia da libertação no Brasil. Para saber mais sobre o autor, acesse: <http://www2.dbd.puc-rio.br/pergamum/tesesabertas/0420963_09_cap_03.pdf>.

intelectuais no decorrer dos anos. A teologia da libertação, porém, perdeu seu ímpeto, em razão do rápido processo de secularização de sua reflexão. Na busca de uma práxis saudável, perderam-se os referenciais transcendentes; segundo Corten (1996, p. 86), "Nessa caminhada teológica, o homem passou a ser o centro da reflexão, 'Do homem para o Homem' foi feita uma leitura com ênfase no campo sociológico sem levar em conta o sagrado".

Segundo Libânio, "o pobre é o centro da reflexão, a preocupação principal e aquilo em que afinal se move toda a teologia [da libertação]" (Corten, 1996, p. 37). Mesmo se a teologia da libertação não chegar a atingir o pobre, em todo caso o mais pobre, ele ainda é o destinatário de seu discurso. O pobre é aquele cujo clamor e lamento se ouvem, é a voz do "inumano", é aquele que não se pode ouvir. Somente sentindo sua dor é que se pode conceber a libertação, somente passando pela sua desolação é possível ver nascer a esperança. Percebemos, assim, o quanto a liberação de seu eu genérico passa por um longo percurso, o qual não se parece em nada com o percurso linear do progresso. Em termos religiosos: a cruz, a ressurreição (Corten, 1996, p. 37).

Os teólogos da libertação criaram uma sede religiosa, mas não conseguiram saciá-la; assim, o movimento pentecostal cresceu no rastro do vácuo espiritual que as comunidades eclesiais haviam deixado. Tanto o discurso como a militância da teologia da libertação tornaram-se tão horizontalizados que geraram no grande público uma expectativa de recuperar o sagrado em seu estado mais "selvagem". Essa teologia foi uma das responsáveis pelo surgimento dos grupos ultrapentecostais (Gondin, 1986, p. 140).

No decorrer dessa caminhada voltada para o "pensamento" e para a "contrução" da teologia, após um desvio sociológico, caiu-se em uma postura religiosa ultrassagrada em que tudo passou a ser controlado por ações de Deus ou do demônio; deixaram-se a reflexão e até mesmo os pressupostos bíblicos e passou-se a agir pelo mistério e pelo mágico – a superstição que está entranhada nas raízes do povo latino.

O antropólogo Everardo Rocha (2012, p. 36), ao estudar as semelhanças, afirma que

> *É instrutivo traçar este paralelo, por exemplo, com o mito do fogo dos povos de língua jê do Brasil central. Nesta narrativa, crianças, araras, sapos, cunhados, onças e chefes dialogam, se misturam, são opostos ou aliados, no projeto de conquista do fogo pelos homens. E ali, dentro dos mitos "primitivos" dos "selvagens", os animas falam. Mas não são apenas os animais do mundo mítico dos índios Canela, Gavião, Xavante, Bororó, Apinajé, Krikati, Xerente, Krahó ou Caiapó que falam, escutam, participam, ensinam ou comunicam. No mundo da Indústria Cultural, o tigre da Esso se mistura à gasolina, assim como o cachorro da Tavares escolhe roupas. A curiosa "galinha azul" dos caldos Maggi perguntou a todos nós "quem matou Odete Roitman?", a vilã da novela "Vale Tudo". Os nossos animais são conselheiros de compras. Se não nos dão o fogo, como no mito, generosamente nos oferecem comida, como o extrato de tomate do Peixe, o elefante da Cica, o peru da Sadia ou os saudosos porquinhos das Casas da Banha. Um anúncio da Sadia nos aconselha sobre o valor nutricional das carnes brancas do peru. Até aí, nada a estranhar. O ponto é que o conselho – sábio e racional – nos é dado por uma galinha, um porco e um peixe [...].*

Um povo que reage por meio dessas nuances estará aberto a uma proposta religiosa forte, abrangente e arrebatadora, por sua força de influência jamais vista no contexto latino-americano. Trata-se de um movimento, no mínimo, diferente, com sinais extraordinários:

> *De um ponto de vista antropológico, constata-se uma influência africana, segundo MacRobert, nos clamores, respostas na forma de antífonas,*

> *cantos repetitivos, glossolalia, aplausos, batidas de pés, tripúdios, saltinhos, balanço do corpo, fazendo cair alternadamente o peso do corpo sobre um pé e sobre outro, dança e outros gestos, [que] são todos praticados nas religiões da África Ocidental e da cristandade escrava e continuam a ser corrente entre os pentecostais negros dos Estados Unidos, Jamaica e Grã-Bretanha.* (Corten, 1996, p. 49)

Segundo Leonardo Boff (1998, p. 50),

> *Evangelho é boa-nova e não lei. É anúncio e não prescrição. Jesus é profeta e não um constituinte. Ora, o discurso profético parte do alto: ele se faz a partir da instância crítico-utópica. Contudo, é preciso dizer também que, ao mesmo tempo em que a anuncia um espírito, o Evangelho do poder-serviço exige encarnação desse espírito em códigos éticos e jurídicos e em instituições sociais. Importa, pois, dialetizar os dois termos; isto é, as inspirações evangélicas e as determinações concretas em que elas tomam corpo: quem exerce o poder, como e por que etc. É no seio dessa dialética que se põe hoje a importante questão da democracia e de sua compatibilidade com a inspiração evangélica.*

Essas marcas passaram a caracterizar aqueles que são os verdadeiros seguidores de Jesus; se o indivíduo não praticava ou exercia essas práticas, acabava sendo estigmatizado pelo grupo a que pertencia. Ocorreu uma inversão, e a ética passou a ser construída pelo mágico e por sinais exteriores, não dependendo de comportamento ou de traços de caráter. "Nós, brasileiros, surgimos de um empreendimento colonial que não tinha nenhum propósito de fundar um povo. Queria tão somente gerar lucros empresariais exportáveis, com pródigo desgaste de gentes" (Boff, 1998, p. 13).

Nossas raízes são de exploração do mais fraco em detrimento do mais forte, em uma relação em que alguém precisa tomar vantagem, mesmo que isso ocorra por meio da desgraça do outro. Esse campo está preparado para uma religião mercantilista, reproduz o modelo sociológico, ético e cultural dentro da "igreja" (que era para ter um procedimento totalmente contrário a essas práticas). "A mercadização fetichizante dos bens de salvação de fato tem dado resultados para a religiosidade contemporânea e seus performáticos profissionais: um deles, certamente não previsto e eventualmente não desejado, mas já em curso, é a sua desmoralização" (Pierucci, 2000).

> *A religião, que era para ser o baluarte da verdade, deixou-se levar pelas marcas de consumo de uma sociedade egoísta, exploradora e sem limites no que diz respeito à exploração.*
>
> *A desapropriação objetiva designa tão somente a relação objetiva que os grupos ou classes ocupando uma posição inferior na estrutura da distribuição dos bens religiosos, estrutura que se superpõe à estrutura da distribuição dos instrumentos de produção religiosa (vale dizer, da competência ou, nos termos de Weber, da "qualificação" religiosa), mantêm com o novo tipo de bens de salvação resultante da dissociação do trabalho material e do trabalho simbólico bem como dos progressos da divisão do trabalho religioso. Constata-se que a desapropriação objetiva não implica forçosamente em uma "pauperização" religiosa, ou seja, um processo visando acumular e concentrar entre as mãos de um grupo particular um capital religioso até então distribuído igualmente entre todos os membros da sociedade.* (Bourdieu, 1987, p. 7, 39)

A reflexão a partir da teologia da libertação é fundamental para entendermos as ações cristãs a favor dos pobres, das crianças, das viúvas e dos estrangeiros. Esta, sim, é a verdadeira religião.

2.3 Por uma pastoral libertadora

Quando a questão de se desenvolver ou se praticar uma pastoral libertadora, ou que retorne ao sagrado em seu estado legítimo, é analisada, afirma-se que não se pode vender o que de mais sagrado foi deixado pelo Senhor Jesus Cristo: "Amarás ao teu próximo como a ti mesmo" (Bíblia. Mateus, 2013, 22: 39). Esse é o cerne do cristianismo, a estrutura da religião cristã, voltada para cuidar do órfão, do abandonado, da viúva e dos doentes de forma geral.

> *Aqui esbarramos uma vez mais com a questão política e educativa. De fato, a introdução do sagrado na política tem efeitos perversos. A sobredeterminação religiosa da opção pelos pobres pode chegar a diversas formas políticas nada libertadoras. É preciso encontrar modos de regulação e de comunicação entre os sujeitos populares e as pequenas elites (intelectuais orgânicos) que pretendem trabalhar para a libertação de tais sujeitos.* (Preiswerk, 1998, p. 353)

Surge nesse contexto reflexivo a Declaração de Quito, assinada por ocasião do III Congresso Latino-Americano de Evangelização (Clade III), realizado na cidade de Quito, no Equador, no ano 1992, entre os dias 24 de agosto e 4 de setembro. Uma das primeiras abordagens contempladas durante o Clade III fez referência a uma nova geração de evangélicos que, em geral, desconhecia suas raízes históricas e sua herança protestante. O conhecimento de nossa história é fundamental para evitar os erros do passado, recuperar certas marcas distintas de nossa herança e cumprir o mandato missionário (Steuernagel, 1993, p. 173).

> *Ser evangélico significa não somente ser protestante ou reformado, mas sim ser verdadeiramente Bíblico. Um princípio central da reforma era o redescoberta da palavra de Deus como a única regra autoritária da fé e*

> da prática para a igreja. Porque Deus falou: existe um universo criado; porque Deus nos chamou há um povo de Deus; porque a sua palavra se fez carne em Jesus Cristo, temos um evangelho. Uma parte importante deste envangelho é que tudo o que o Senhor fez e disse foi "segundo as Escrituras" (Lucas 24: 25; Atos 3: 11-26; Romanos 1: 1-6; 1 Coríntios 15: 1-4). Isto vem através da insistência na doutrina correta e da pregação e ensino das coisas essenciais para a vida da igreja e de todos, a transmissão e boa administração do "depósito" da fé bíblica que é recebido é evidente, especialmente nas epístolas pastorais, mas também é uma norma em diferentes escritores apostólicos; cf. 2 Tm 1: 13-14; 3: 13-17; 1 Pe 1: 22-25; 1 João 2: 21-24. Sua origem vem do próprio ensino do Senhor a nos alertar (8: 31, 16: 12-15). (Escobar, 1986, p. 21)

Precisamos conhecer a história, saber de nossa herança para que possamos traçar rumos eficientes com respeito ao futuro, não nos esquecendo de como fomos colonizados e como os traços dessa colonização já ficaram para trás.

> Na América, os portugueses, e mais ainda os espanhóis, construíram cidades para afirmar o seu poder, enfrentar as resistências indígenas e manter o império sob as ordens da monarquia. Ainda hoje as cidades mais antigas conservam os monumentos que são testemunhas do seu papel antigo. São cidades monumentais, formadas essencialmente dos palácios e de templos (com os respectivos conventos). (Comblin, 1996, p. 87)

Para que a pregação do evangelho seja abrangente e efetiva, é necessário que conheçamos esses fatos, pois, ao entendermos essas questões, podemos perceber por que facilmente são negociados os valores que trazem vantagens para o indivíduo. Cabe destacar ainda um fato ocorrido no início da história do Brasil, desenvolvida pela exploração religiosa e pela distorção do sagrado.

A jornada jesuítica, por assim dizer, tem: Nóbrega, seu obreiro principal, tecnojesuíta sábio e terrível, que planeja a colonização do Brasil, pedindo ao século a domesticação do gentio selvagem para que ele, depois, o refizesse pio e candoroso. Para a glória de Deus. Para lucros d'El Rei. É ele quem faz a cabeça da rapaziada inocente: Anchieta chega aqui no país com 19 anos; Figueira, o grande língua, aos 18; Chico Pinto, o pajé Amanaiara, tinha 16; Leonardo do Vale – também dono da fala – só 15. Engabelados na utopia de Deus, nem suspeitam, temerários, das dificuldades da empresa ambiciosa de refazer o humano[7]. Afundam todos no feio ofício de amansadores de índios para a morte ou o cativeiro. Depois, se dando conta, lamentarão por todos os seus anos de velhice envilecida: com um anzol os converto, com dois eu desconverto, *porque não convertemos ninguém. E choram:* Jamais se cuidou que tanta gente, em tão pouco tempo, se gastara. *E se gastou.* (Boff, 1998, p. 15)

O projeto evangelizador levava em conta os interesses institucionais, pois, refazendo o ser humano, a Coroa teria mais domínio, por isso pode-se dizer que a Igreja atendia aos interesses políticos e religiosos. Cabe aos fiéis seguidores de Jesus tirarem as lições necessárias dessa época para que não reproduzam os mesmos erros nos dias atuais.

Ora, para que isso fique claro e constitua um sinal eficaz para o mundo, é preciso que a Comunidade cristã adote formas radicais de poder-serviço como:

– **o máximo de liberdade e o mínimo de estruturas** *(Cf. Atos 15.28: "nada impor além do necessário").*

---

7   Em sua maneira de ver, os índios tinham perdido características de sua humanidade. Trazê-los para a religião de Roma e torná-los súditos do rei de Portugal era uma forma, por assim dizer, de reumanizar o índio.

– *a participação mais ampla possível* nos processos de decisão, na elaboração das leis, na escolha dos ministros e no exercício do poder em geral (o que supõe a alternância e partilha do mesmo, a responsabilidade frente à base, etc.)

– *a economia extrema do poder de mando*, incluindo mesmo a renúncia voluntária a formas ou a partes do poder (coisa de grande relevância para o ecumenismo e para a credibilidade da própria fé cristã).

Mais direta e pareneticamente, a Comunidade eclesial deveria mostrar:

– como, para ordenar as relações internas, vale mais o Evangelho que o Direito Canônico;

– como, para resolver os conflitos, o poder do amor sobrepuja o poder do mando;

– como, para manter a unidade eclesial, é de mais valia a prática da humildade do que a reivindicação do poder (Gregório Magno);

– como o valor da participação é muito mais importante que toda obediência;

– como a confiança fraterna é melhor que todo controle ou suspeita do outro;

– como a liberdade deve ser preferida às estruturas;

– como o encorajamento fraterno é mais eficaz que sanções; e a exortação, que as ordens;

– como a fé no Espírito dá mais dinamismo à Igreja que todas as suas instituições;

– como, enfim, o carisma supera o poder.

É só assim, agindo como "sacramento de serviço", que a Igreja teria também autoridade de falar do poder-serviço para os outros e, além disso, com maior chance de ser ouvida. (Boff, 1992, p. 9, grifo do original)

A essência do evangelho é o trabalho para o bem das pessoas – podemos afirmar que o serviço consolida as ações evangelísticas, a fraternidade entre os irmãos, a comunhão dos santos, o cuidado de uns para com os outros, porque foi ensinado e praticado por Jesus e pelo apóstolo Paulo, práticas que acabaram refletindo no evangelho ensinado por Jesus.

Síntese

Como afirma Kant, o poder é chamado para o serviço, mas inclinado à dominação. Ampliando a ideia, podemos dizer que, quando o poder subverte a religião, passa a ser nocivo e pernicioso.

O poder deve ser exercido em favor do mais fraco e daquele que sofre, cabendo àqueles que o exercem ter essa consciência. É fundamental que aquele que exerce o poder no ambiente da religião não se deixe contaminar pelos escambos muitas vezes praticados em função do poder.

Por meio da ética cristã, bem como dos valores cristãos, principalmente em um país ou continente cristão, é possível atender àqueles que necessitam de justiça.

A teologia, por sua vez, tem a tarefa de articular o poder para que ele seja legítimo e se transforme em serviço genuíno e autêntico. A fundamentação da teologia está relacionada à igualdade e à libertação dos povos. Nessa vertente, os saberes teológicos conduzirão as ações de serviço e justiça para os diversos segmentos da sociedade.

As ações pastorais devem ser baseadas nas fundamentações teológicas, pois ação sem conceituação pode se transformar em elucubrações e devaneios sem causa. Para que os procedimentos sejam legítimos e tenham objetividade, é necessário conhecer a história e todas as implicações relacionadas aos fundamentos. Assim, teremos a pregação do evangelho de forma transformadora e impactante.

Atividades de autoavaliação

1. Considerando a questão proposta, indique se as afirmações a seguir são verdadeiras (V) ou falsas (F):

   Qual é o paradoxo do poder e do serviço?

   ( ) O poder é chamado ao serviço, mas inclinado à dominação.
   ( ) Poder e serviço são opostos entre si.
   ( ) O poder tende a dominar sempre.
   ( ) Poder e serviço não se misturam.

   Assinale a alternativa que corresponde à sequência correta:

   a) V, V, V, F.
   b) V, V, F, V.
   c) V, F, F, F.
   d) F, V, F, V.

2. Considerando a questão proposta, indique se as afirmações a seguir são verdadeiras (V) ou falsas (F):

   Como o poder deve ser exercido segundo a visão teológica?

   ( ) O poder deve ser exercido de forma individual.
   ( ) O poder deve ser exercido em função do fraco e do oprimido.
   ( ) O poder não deve exercer domínio ou oprimir.
   ( ) O poder deve ser exercido no contexto em que estiver inserido.

   Assinale a alternativa que corresponde à sequência correta:

   a) F, F, F, V.
   b) V, V, V, V.
   c) F, V, F, V.
   d) F, V, V, V.

3. Considerando a questão proposta, indique se as afirmações a seguir são verdadeiras (V) ou falsas (F):

Qual deve ser a posição de um cristão a respeito da ética cristã e da ética secular?

( ) Se não admitirmos e praticarmos a ética cristã, cederemos espaço para a ética secular.
( ) A ética secular ultrapassa os limites da compreensão humana.
( ) A ética secular faz a sua própria ética.
( ) Com ética e sem valores, uma sociedade se fundamenta.

Assinale a alternativa que corresponde à sequência correta:

a) V, F, F, F.
b) F, V, V, F.
c) F, F, F, V.
d) V, F, V, F.

4. Considerando a questão proposta, indique se as afirmações a seguir são verdadeiras (V) ou falsas (F):

No que consiste a teologia da libertação?

( ) Corresponde a um movimento de libertação nacional, que surgiu em 1968. Na época, o Brasil e vários países da América Latina reagiram contra os movimentos opressores.
( ) Reflete uma ação libertadora, de interesses institucionais, sem levar em conta as ações do indivíduo.
( ) A libertação aponta para caminhos políticos e apenas sociais.
( ) Para libertar o povo, a teologia da libertação se fazia valer das ações dos governantes.

Assinale a alternativa que corresponde à sequência correta:

a) F, V, F, F.
b) V, V, V, F.
c) F, F, F, F.
d) V, V, F, F.

5. Considerando a questão proposta, indique se as afirmações a seguir são verdadeiras (V) ou falsas (F):

Como nossas raízes, de colônia de exploração, podem ainda influenciar nosso caráter e, mais especificamente, nossa religiosidade?

( ) Sem levar em conta a história, o povo tem liberdade para desenvolver a própria cultura.
( ) Nossas raízes de colonização e algumas questões éticas ficaram para trás, e as ordens da monarquia influenciaram nosso povo e nossa formação histórica.
( ) Nossa herança histórica foi afetada por traços de outros povos que não consideraram os valores propositais do povo.
( ) Em cada povo, a cultura foi mantida sem se levar em conta sua ética e seus valores.

Assinale a alternativa que corresponde à sequência correta:

a) V, V, F, F.
b) F, V, F, F.
c) V, F, V, F.
d) F, F, V, V.

Atividades de aprendizagem

Questões para reflexão

1. Em grupo, discuta de que forma o exercício do poder como serviço pode ser uma fonte de ação transformadora para a sociedade.

2. Em grupo, discuta sobre as seguintes questões: A teologia da libertação já foi superada ou ainda é uma realidade? Em que ponto a teologia da libertação perdeu sua objetividade?

Atividade aplicada: prática

1. Desenvolva uma ação comunitária em sua localidade e tente identificar atos de injustiça (por exemplo, crianças sem escola, exploração dos mais pobres, desvio de alimentos escolares, falta de creche etc.). Por meio dessa conscientização acerca da realidade, o que você pode fazer para ajudar as pessoas que são afetadas por essas situações?

capítulo três

Em busca de uma pastoral efetiva e contextualizada

03

Neste capítulo, faremos uma análise do desenvolvimento da Igreja no contexto latino-americano, considerando a força do evangelho e os desafios pós-modernos enfrentados pelo cidadão no que concerne à religião e à vida em sociedade.

O desenvolvimento de uma pastoral efetiva para o serviço da Igreja e do povo de Deus será abordado de modo a possibilitar a aplicação de seus ensinamentos no cotidiano das pessoas e das práticas de cuidado desenvolvidas pelos pastores e pelos líderes cristãos.

Examinaremos aspectos relacionados ao cidadão latino-americano e suas peculiaridades, que devem ser atendidas por meio de cuidado bíblico adequado que objetive ajudar as pessoas a enfrentar as diversas situações da vida.

A questão da instituição e da Igreja será analisada com vistas ao estabelecimento de um ponto de equilíbrio entre instituição cristã e práticas bíblicas relacionadas à Igreja.

3.1 O poder-serviço na América Latina

Os fatos que analisamos nos capítulos anteriores não têm sido apresentados pelos evangélicos no decorrer da história em uma luta desenfreada contra o catolicismo, mas no sentido proselitista e não comprometido com os valores do reino de Deus, o que levanta, então, uma questão sobre o que decorre do fato de a Igreja reproduzir esse modelo para dentro de suas estruturas – "refazer o humano" (o homem tentando por seus próprios meios recuperar o homem). O perigo que líderes de Igreja correm quando buscam beneficiar-se de modelos funcionais é que podem facilmente negligenciar a importância do caráter espiritual do processo.

> *A utopia de Jesus de uma comunidade fraternal, de todos os irmãos e irmãs, sem divisões e títulos (cf. Mt 23: 8) é substituída pela mecânica do poder centralizado no clero que garante até o final dos tempos a reprodução dos instrumentos de salvação. O sonho de Jesus, porém, não morre. Transmigrará para os movimentos espiritualistas, monacais, mendicantes e, de modo geral, para vida religiosa. Nestas instâncias se procurará o poder como serviço participativo, reinará uma democracia interna e as relações são igualitárias e fraternas.* (Boff; Boff, 1986, p. 59)

Berger (1985, p. 26) escreve: "aquele que janta com o diabo da modernidade tem de ter uma colher comprida". Os movimentos gerenciais e terapêuticos são as duas forças culturais mais poderosas que têm sido aceitas, indiscriminadamente, pela Igreja. O perigo é pregar a renovação da Igreja por meio de técnicas gerenciais. Nesse panorama, o pastor adapta seu papel, sem senso crítico, ao da nova onda das técnicas de liderança. Ou usa "grupos de apoio", ou usa "dramas" como meios principais de evangelismo.

Depois de um tempo, o pastor, como qualquer executivo, torna-se escravo do mercado de trabalho, precisa dizer aos consumidores o que eles querem ouvir, se quiser assegurar resultados e conservar seu emprego. Uma Igreja *user friendly* (termo da informática que significa "amigável ao usuário" ou "de fácil manejo"), se por esse termo entendermos uma Igreja que serve aos alvos culturais egoístas da moda contemporânea, é uma Igreja desprovida de fé (Horton, 1998, p. 25).

Deus usa pessoas que O honram e O servem em vez de atraírem reconhecimentos para si mesmas. Assim, os homens não devem construir sua própria Igreja, mas a Igreja de Cristo; entretanto, algumas vezes, a palavra *Cristo* nem aparece em suas argumentações. São gastos mais tempo e energia com a ortodoxia da mais recente tendência empresarial ou técnica de *marketing* do que com os critérios para a definição da missão da Igreja, expostos na Escritura (Horton, 1998, p. 25).

3.2 Um evangelho desafiador

O evangelho é confrontador por natureza própria. Qualquer exposição do evangelho que não apresente um desafio ao incrédulo para uma conversão radical de pensamento e atitude na direção de Deus e de Sua obra redentora em Cristo não é o mesmo evangelho pregado nas páginas do Novo Testamento. Hoje, pessoas podem ser membros de Igrejas evangélicas, felizes e saudáveis, sem terem jamais de encarar a Deus, que se torna um "amigão", um Salvador, tomado como um exemplo, e um Espírito Santo que nada mais é do que uma fonte de poder. Tudo isso pode existir sem fé, sem arrependimento e sem, até mesmo, conversão (Horton, 1998, p. 25).

> *O corpo de sacerdotes tem a ver diretamente com a racionalização da religião e deriva o princípio de sua legitimidade de uma teologia erigida em dogma cuja validade e perpetuação ele garante. O trabalho de exegese que lhe é imposto pelo confronto ou pelo conflito de tradições mítico-rituais diferentes, desde logo justapostas do mesmo passo urbano, ou pela necessidade de conferir a ritos ou mitos tornados obscuros um sentido mais ajustado às normas éticas e à visão do mundo dos destinatários de sua prédica, bem como a seus valores e a seus interesses próprios de grupo letrado, tende a substituir a sistematicidade objetiva das mitologias pela coerência internacional das teologias, e até por filosofias. Por esta via prepara a transformação da analogia sincrética, fundamento do pensamento mágico-mítico, em analogia racional e consciente de seus princípios, e até mesmo em silogismo. A autonomia do campo religioso afirma-se na tendência dos especialistas de fecharem-se na referência autárquica ao saber religioso já acumulado e no esoterismo de uma produção quase acumulativa de início destinada aos produtores.*
> (Bourdieu, 1987, p. 38)

É preciso criar instrumentos de conscientização dos valores cristãos e, para isso, devem prevalecer o cristianismo, o testemunho cristão, o anúncio em peças publicitárias, a pregação nos púlpitos e o anúncio claro, com autoridade e coerência, de que é possível viver uma vida honesta, sincera e franca mesmo em um contexto no qual a honestidade não é muito favorecida. Alguns até afirmam que é mais fácil viver uma vida desonesta do que honesta em determinados países do continente sul-americano. Temos uma forte tendência a culpar o outro, quando, na verdade, todos são culpados de uma forma ou de outra pelos desatinos existentes nessa caminhada.

> *Miséria, analfabetismo, criminalidade urbana, crianças de rua, nada disso é de sua conta. A culpa é dos corruptos, dos incapazes no governo, dos bandidos, do síndico ou do vizinho antipático [...]. Em épocas de*

> *seca, puxam-lhe as orelhas e acusam-no de irresponsável. [...] Hoje não sabemos o que somos porque não sabemos quem queremos ser. A proliferação de informações, a pluralidade de padrões sexuais e sentimentais, a insegurança profissional, a relativização das verdades morais e, enfim, a fragilidade das instituições formadoras de identidades desorientam os indivíduos.* (Costa, 2001)

O sujeito pós-moderno vive uma realidade de fuga, sem conseguir encontrar-se consigo mesmo e, em uma época de grandes acontecimentos religiosos televisionados, ao tentar alcançar essa descoberta de si mesmo, encontra a religião. Esta, o indivíduo ainda não sabe, mas já se vendeu e não apresenta mais soluções "típicas". Em momentos de fragilidade, busca-se a antiga noção de religião, aquela que trabalha com o sagrado e o mágico, por meio do sobrenatural e da morte redentora de Cristo, e apresenta soluções para os desatinos humanos, o que muitas vezes não é encontrado.

Esse quadro precisa ser mudado, e um dos caminhos, por assim dizer, libertadores (pensando em solução) é uma pastoral efetiva e contextualizada. Carecemos de homens e mulheres verdadeiramente comprometidos com os valores do evangelho, que possam servir de exemplo para aqueles que não enxergam sinais de honestidade e vivem de tal forma que apenas sobrevivem. Alguns dados levantados pelo teólogo Leonardo Boff, apesar de não serem atuais, refletem um pouco essa realidade:

> *atrás destes brados proféticos [por justiça], se esconde o drama, no caso brasileiro, de 75% da população que vive em situação de marginalidade relativa, de 43% da população condenada a sobreviver apenas com um salário mínimo. Como dizia o operário de Vila Penteado (São Paulo), Manoel Paulo da Silva: "O que ganho é tão pouco que dá só para dizer que ainda estou vivo". E a sua mulher, Helena Gomes da Silva, completava: "Isto aqui não é vida de ninguém".* (Boff, 1994, p. 49-50)

Segundo dados do Instituto de Pesquisa Econômica Aplicada (Ipea), citado por Lima (2010), em 2011, 58,4% dos brasileiros apresentavam algum tipo de carência: má qualidade de habitação, déficit educacional, falta de acesso a serviços básicos e de acesso à seguridade social. Um total de 16,2 milhões brasileiros vivem na pobreza extrema. Houve avanços, porém a desigualdade continua em várias regiões do país. Além disso, casos de malária, esquistossomose, hanseníase, dengue, tuberculose, entre outras doenças, ainda fazem parte do cotidiano de muitos brasileiros.

Em meio a essa situação,

Não nos faltam vontade e determinação; falta-nos grandeza de objetivos que espelhem o tamanho de nosso poder de agir e iniciar o novo. De tanto querer pouco acabamos por medir o esforço da busca pela insignificância do que é buscado. Usamos a potência da vontade humana para atingir propósitos mesquinhos, assim como o insensato que resolve acender holofotes para procurar alfinetes na escuridão. [...] Temos apenas metas, bem aquém de nosso poder de criar. (Costa, 2001)

Pode-se até dizer que nos acostumamos com nossa pequenez, que nos enquadramos de acordo com as orientações do mercado. Cabe, nesse quadro, uma pastoral abrangente e relevante, que ajude o indivíduo a desenvolver suas capacidades de criar, a ter esperança nesse contexto desesperançado, a criar e propor objetivos e propósitos grandes, assim como deve ser ampla a fé de um cristão. Essa diferença será construída por intermédio de homens e mulheres comprometidos com os valores do reino de Deus.

Quando se diz que a diferença será feita por meio da pastoral (o agir de Deus no mundo, modelado em Cristo Jesus), pressupõe-se que não se pode depender das estruturas governamentais nem das religiosas para mudar esse quadro. Escobar (1997) afirma que, para a formação de missionários latino-americanos do futuro, não basta simplesmente imitar e traduzir as metodologias forjadas em países ricos com seu triunfalismo e sua dependência de técnicas de mercado e persuasão. O que nos falta é a volta ao modelo bíblico, precisamos reler os princípios fundamentais da missão no Novo Testamento, precisamos de um currículo em que a parte bíblica se fortaleça. Devemos nos lembrar de que as Epístolas não foram escritas como manuais de teologia sistemática para satisfazer professores ortodoxos e professores eruditos, mas como resposta às situações pastorais e missionárias das Igrejas nascentes (Escobar, 1986 p. 49). O ponto de partida é a formação das lideranças evangélicas contemporâneas, homens e mulheres que optem por uma pastoral integral com vistas a uma libertação, da religião, "das estruturas opressoras" (governo, estruturas religiosas, modos coercivos de exercer a devoção).

3.3 Uma pastoral contextualizada para o tempo presente

É fundamental entendermos os conceitos relacionados à pastoral, pois, quando o assunto é apresentado, leva-se em conta o cuidado entre os irmãos. O conceito de pastor pressupõe alguém que se preocupa, orienta, ensina e acompanha aqueles que fazem parte da Igreja, nesse caso, principalmente os líderes.

> *O primeiro passo para curar uma doença é fazer um diagnóstico correto. Da mesma forma, devemos examinar com sinceridade diante de Deus como está a saúde de nossa igreja. Em que medida têm sido isolados demais hábitos e estilos de vida que consideramos indesejáveis e quão longe se infiltraram? Somente se começarmos aqui, com o examinar de nossa vida individual e coletivamente, seremos capazes de tomar objetivamente o próximo passo.* (Martínez, 1982, p. 148, tradução nossa)

Com base nesse diagnóstico, deve-se desenvolver uma pastoral que consiga fazer uma leitura de seu tempo e do que tem acontecido no decorrer da história, fatores relevantes para posturas pastorais.

> *Não há futuro nem presente para aqueles que desconhecem e desvalorizam seu passado, renegam ou desvalorizam ou até mesmo espiritualizam os ensinos políticos da palavra de Deus e a construção teórica e prática de uma ética política, expressão mais abrangente do compromisso ético do convertido.* (Cavalcanti, 1996, p. 179)

Não se pode espiritualizar o que não é espiritual, não se pode trocar os valores do reino de Deus por planos humanos e egoístas; precisa-se avaliar e descobrir que os princípios de Deus são coerentes com os principais aspectos da existência humana. Os valores do reino de Deus são totalmente aplicáveis e cabíveis em qualquer sociedade.

Durkheim (1985) parece crer na relação entre a estrutura do sistema de práticas e crenças religiosas e a divisão do trabalho religioso, mas sem tirar consequências disso, já que seu objetivo não é esse

> *quando quer distinguir as "religiões primitivas" das "religiões complexas" caracterizadas pelo "choque das teologias, as variações dos rituais, a multiplicidades dos grupos, a diversidade dos indivíduos". Por exemplo, tomemos certas religiões como as do Egito, da Índia ou da antiguidade clássica. É uma barafunda obscura de cultos múltiplos, variáveis segundo as localidades, os templos, as gerações, as dinastias, as invasões etc. As superstições populares estão misturadas aos dogmas mais refinados. Nem o pensamento nem a atividade religiosa encontram-se igualmente distribuídos entre a massa de fiéis. Conforme os homens, os meios, as circunstâncias, tanto as crenças como os ritos são percebidos de maneiras diferentes. Aqui encontramos padres, naquela parte monges*

e, mais longe, leigos. Há místicos e racionalistas, teólogos e profetas etc.
(Durkheim, 1985, p. 7, citado por Bourdieu, 1987, p. 41)

Deus preza-nos e tem zelado para que andemos de acordo com Seus princípios; cabe a nós, que temos descoberto e praticado esses princípios, promulgá-los com muita força e eficácia, e, para isso, contamos com a ajuda do Espírito Santo de Deus e do poder vigorante de Sua Palavra. "É fundamental examinar quais têm sido as contribuições positivas e negativas da missiologia europeia e norte-americana, além das que surgem em nosso continente" (Steuernagel, 1993, p. 175).

Também devemos abordar o lado negativo, marcado pela questão da dependência. Criou-se uma Igreja dependente dos grandes países: dinheiro, pessoal, teologia, quase tudo vinha do exterior. Era comum, no retorno das férias, o missionário trazer grandes novidades da América e da Europa, e assim a Igreja local foi perdendo sua identidade e se descaracterizando cada vez mais. O perigo de perdermos nossa identidade chegou a tal ponto que, em Quito (Equador), comentou-se: "Como evangélicos, precisamos voltar a valorizar nossas raízes indígenas, africanas, mestiças, europeias, asiáticas e crioulas e considerar a pluralidade de culturas e raças que tem contribuído para nos enriquecer" (Steuernagel, 1996, p. 175).

> *Sociólogos sugerem que, numa sociedade complexa, a igreja deve complexificar-se internamente. Ora, complexidade indica que na sociedade contemporânea se reduziu o espaço dos comportamentos e das expectativas reguladas pela necessidade ou pelo costume, e que – do outro lado – se amplia um espaço de indeterminação, ou seja, de liberdade, aberto [...] também à disponibilidade para a vida social de mais instrumentos de intervenção face aos desafios do ambiente, físico ou humano, que se torna sempre mais [...] heterogeneamente reativo em relação aos sistemas sociais. Complexidade é também crescimento de autonomias internas na organização social.* (Antoniazzi, 1994, p. 95)

A Igreja latina é formada por um povo que desenvolve um jeito típico de expressar a adoração a Deus. Esse grupo apresenta, de maneira peculiar, muito brejeirismo, muito tupiniquim, muito do improviso latino, da alegria contagiante, da forma barulhenta e do calor do povo durante as reuniões. O latino grita, chora, clama, emociona-se, adora de seu jeito e tem um profundo respeito pelo místico e pelos assuntos relacionados à religião, como assim dizem: "Eu sou da religião, sigo a Cristo, faço parte do grupo dos crentes"; são afirmações que fazem parte do contexto e da expressão de vida do latino (Bezerra, 2009).

> *Teólogos propõem que a igreja adote um modelo "sinodal", entendendo com isso um modo de organização em que diversos tipos de comunidades, grupos, movimentos caminham juntos e, embora conservando a sua fisionomia própria, encontram-se periodicamente para manifestar a recíproca comunhão em Cristo e reforçar a solidariedade de uns com os outros.* (Bezerra, 2009, p. 37)

Em tese, essa estrutura é fascinante; na prática, não se pode, de forma nenhuma, descaracterizar a Igreja por questões culturais, pois a adoração supera essas diferenças. A contribuição missionária é significativa, mas não pode influenciar negativamente. Temos de conhecer nossa história para podermos transmitir a cultura às próximas gerações e dar continuidade a ela, aperfeiçoando com os princípios e os valores do reino de Deus.

Como explica Corten (1996, p. 77),

> *frente a um sofrimento que continua existindo, intervém uma emoção – a emoção do consolo – que entra numa estrutura narrativa coletiva. O consolo apazigua, não dá nenhum meio para curar, senão o sentimento de viver dignamente, porque se tem o seu lugar na história bíblica. Emoção experimentada mesmo que apenas nesses poucos instantes.*

> Participa-se assiduamente aos cultos para obtê-la. Às vezes esta emoção dá a ideia de que a dignidade também pode ser encontrada lá fora: em casa, na rua. Mas não é uma ilusão para os demais pobres, os mais abandonados, os mais desfavorecidos?

Uma ação pastoral significativa deve levar em conta essas nuances, precisa ser a expressão de uma compreensão da fé e da Igreja no contexto pluralista e diversificado da realidade atual. Essa ação deve partir do entusiasmo pela missão, de uma "consciência missionária" viva, mas precisa ter seu momento de racionalidade para organizar as ações em face da complexidade dos desafios do mundo. A compreensão da Igreja influencia nossas formas de atuação como Igreja na sociedade e também nossa organização pastoral (Caliman, 1998, p. 105). Uma pastoral que consiga fazer essa leitura, que consiga contextualizar-se a ponto de propor um culto e uma participação comunitária significativa se torna uma ferramenta para estabelecimento do reino de Deus. A pastoral não pode se perder, exercendo função apenas cultualista, ritualista e conformista; ela precisa participar ativamente da vida comunitária e apresentar propostas para a sociedade que sejam permeadas pelos valores do reino de Deus.

Uma ação pastoral articulada tem chance de prosperar quando encontra um programa, no caso, pastoral na cidade ou pastoral urbana. As Diretrizes Gerais da Ação Pastoral da Igreja no Brasil 1991-1994 indicam que uma organização pastoral eficaz deve atender aos vários níveis em que a vida das pessoas e das comunidades se desenvolve. A realidade urbana atual exige, antes de tudo, que se preste atenção à emergência da subjetividade e se valorize a participação da pessoa. Para isso, a pastoral tem de estar mais atenta à experiência religiosa subjetiva dos fiéis, ao primado da consciência, à ligação entre fé e vida cotidiana. Como exemplo, temos o grande desafio de fazer da família cristã um lugar de "personalização" da iniciação à fé cristã, em sintonia com a comunidade eclesial, gerada pela experiência da fé.

Em um segundo nível, temos o desafio de gerar novas formas comunitárias de vida cristã, adequadas ao contexto urbano pluralista, tanto cultural quanto religioso. Nesse campo, precisamos hoje de novas respostas, que fujam da polarização. Nem as diversidades anárquicas nem a uniformidade monótona são normas para isso. Há elementos objetivos que orientam a ação pastoral, sem voluntarismos que excluem pessoas e grupos, capazes de manter uma coerência básica com as opções de fundo da Igreja particular. Acreditamos que este não é o momento de explicitarmos tudo o que se pode fazer, basta apenas lembrarmos, como exemplo, a exigência de renovação da paróquia da pastoral sacramental, a relação entre agente de pastoral e comunidade, pároco e fiéis etc.

Em um terceiro aspecto, o desafio da Igreja é tornar-se visível na cidade (pós)moderna, ou seja, articular uma presença pública da Igreja na cidade, não mais nos moldes da cristandade – baseada na tutela da sociedade, na relação ambígua com o poder –, mas decididamente baseada no testemunho profético de que ela é capaz, por sua radicação no Evangelho de Jesus Cristo, pelo caminho de seguimento de Cristo que ela representa como comunidade viva. A articulação pastoral cumprirá, então, seu papel: que a Igreja, como comunidade viva, seja reconhecida como sinal do reino de Deus. Em outro termos, a articulação pastoral como expressão institucional da Igreja está a serviço da Igreja na condição de acontecimento libertador, gerador de vida e esperança para a cidade (Caliman, 1998, p. 108-110).

Outra questão que se levantou com base no Clade III foi:

Como participantes da Igreja Latino-Americana, confessamos que temos nos identificado mais com os valores culturais de fora do que com os que são autenticamente nossos. Pela graça de Deus podemos nos reencontrar com o mundo sem complexos nem vergonhas a partir de nossa identidade cultural e evangélica como povo de Deus. (Steuernagel, 1996, p. 175)

A modernidade pensa o homem como liberdade, como autor de seu próprio destino. O que faz o homem é exatamente a cultura, isto é, esse "distanciamento" com relação ao "funcionamento" do mundo objetivo que lhe permite apropriar-se dele subjetivamente, de maneira criadora, transformadora. Ele impõe à natureza uma "ordem humana", cultural. (Faoro, 1975, p. 29-30)

Conforme Humboldt (citado por Bourdieu, 1987, p. 27),

O homem [...] apreende os objetos principalmente – poder-se-ia dizer exclusivamente, uma vez que seus sentimentos e ações dependem de suas percepções – da forma como a linguagem os apresenta. Segundo o mesmo processo pelo qual ele desfia a linguagem para fora de seu próprio ser acaba por se confundir com ela, e cada linguagem desenha um círculo mágico em torno do povo a que pertence, um círculo de que não se pode sair sem saltar para dentro de outro.

Esta teoria da linguagem como modo de conhecimento que Cassier estendeu a todas as "formas simbólicas" e, em particular, aos símbolos do rito e do mito, quer dizer, à religião concebida como linguagem, aplica-se também às teorias e, sobretudo, às teorias da religião como instrumentos de construção de fatos científicos.

O cidadão latino-americano não tem como hábito pesquisar e refletir; assim, há forte tendência no mundo latino de valorizar o que vem de fora. Nossa história tem origens externas: de fora vieram os invasores, os nossos dogmas e paradigmas culturais foram anulados e outros foram impostos de forma abusiva, a ponto de perder-se até o idioma nativo[1]. Vieram de fora os exemplos e os modelos familiares.

Levando-se em consideração que o homem forma seu eu no interior de um processo de socialização, isto é, recebendo ou constituindo um universo objetivo e moral de significação, podemos entender que, desde o nascimento, o ser humano vai incorporando um dado objetivo: um conjunto de significação da realidade, uma visão da realidade, uma concepção de mundo. A maneira de olhar o mundo deve dar sentido a um modo de vida que esteja interligado a atos contínuos. Nesse contexto, o cidadão latino tem suas raízes fundamentadas em uma situação totalmente contrária às próprias raízes e com muita dificuldade para assimilar tudo o que outros estão construindo para que ele possa exercer papéis determinados.

Uma visão global pode classificar os protestantes latinos em duas vertentes principais: os protestantes de transplantes, que surgem do trabalho missionário, e os variados grupos "autóctones" que se multiplicam por iniciativa e dinamismo próprios como a maioria dos pentecostais. Apesar de muitas diferenças, quase todos os grupos protestantes trouxeram à América Latina um tipo de fé peculiar: uma fé nascida e forjada não no centro do poder das Igrejas oficiais norte-atlânticas nem no *establishment* político e religioso da época, mas na periferia, entre os paroquianos comuns e vizinhos, muitas vezes entre os marginalizados, os despojados, os migrantes. Desse modo, tanto metodistas como anabatistas, as Igrejas de avivamento e santidade, as Igrejas livres e o movimento

---

1 Por um decreto de Marquês de Pombal, foi proibido falar outro idioma no Brasil que não o português. Toda iniciativa de conservar as línguas indígenas foi condenada.

pentecostal introduziram na região, com a mensagem de salvação, uma experiência internalizada e acumulada de voluntariado leigo em comunidades entusiastas e participativas e os símbolos do progresso da democracia e da igualdade (Piriz, citado por Steuernagel, 1996, p. 120).

Precisamos acreditar que desenvolvemos o suficiente para valorizar nosso povo, nossas crenças, desde que em harmonia com a Palavra de Deus. É necessário criar espaços existenciais para que o sujeito possa ser ele mesmo, sem precisar copiar ou reproduzir modelos externos, para que possa criar ao mesmo tempo o novo código de condutas legítimas, mobilizar o máximo de energia, fazer compreender e agir e simultaneamente combater as prevenções adversas, inibir os sonhos utópicos de ontem, proporcionar qualquer forma substitutiva para as decepções unidas ao próprio sucesso da ação revolucionária.

Cabe à ideologia política preencher essas múltiplas funções nessa situação historicamente decisiva e, ainda, legitimar as novas instituições, estabelecer relações simbólicas de identificação entre os governados e os governantes, fazer que cada um aceite seu lugar e seus limites na vida coletiva. Essas práticas conformes só podem ser obtidas pelo enunciado de novos princípios de ação, pela proclamação da justa doutrina, em uma palavra, pela tentativa de criação de uma nova ortodoxia (Ansart, 1978, p. 134).

Nossa postura deve ser a de tentar entender qual é a hermenêutica de Deus para o povo e, com base nessa interpretação, contribuir para o avanço de Seu reino. Não se pode apresentar para o mundo uma interpretação bíblica deformada só para tentar agradar a outros povos ou dar a impressão de que somos parte de um mundo desenvolvido. O povo latino-americano pode ser usado por Deus com muita eficácia, a partir do momento em que encarar as próprias origens e, de acordo com a Palavra, traçar um procedimento que contribua com o reino, testemunhar e declarar para todos que o mesmo Deus que transforma lá fora age também em nossa cultura, em nossa sociedade e nos indivíduos comprometidos com Ele. A formação tanto espiritual como intelectual de um povo acontece por meio de um compromisso, tanto com Deus como consigo mesmo, de perceber a necessidade nesse sentido.

> *O desenvolvimento dessa sensibilidade espiritual não é instantâneo. Ele faz isso por cultivá-la. E cultivar envolve regar, podar, adubar... e aprender a esperar. Como tantas outras coisas na vida cristã, ter uma visão se assemelha a uma carreira de atleta, de longa distância. A saída brilhante é muitas vezes o prelúdio de um fracasso. Aquele que tem perseverança não busca sensacionalidade e sabe qual é o objetivo, e tende a obter melhores resultados. Esforço e perseverança são as palavras-chave. O apóstolo Paulo gosta muito da metáfora do corredor atlético, que é um exemplo de progresso na sua sensibilidade espiritual.* (Martínez, 1982, p. 148, tradução nossa)

Diremos com toda a força e autoridade que, para ser bom, não é preciso vir estímulo de fora, mas viver de acordo com a Palavra de Deus, que, além de fazer a diferença em nossa vida, alcança o povo.

> *Ver o mundo como um campo missionário, ter uma perspectiva sobre a realidade que brota de um coração evangelístico é uma das marcas da vida evangélica. História contemporânea neste recurso pode ligar todos os tempos de reavivamento espiritual, mas especialmente com o grande avivamento da fé que marcou os séculos XVIII e XIX em países de língua Inglesa. George Whitefield e os irmãos John e Charles Wesley são exemplos proeminentes desta era. Devemos muito à mistura de entusiasmo, a piedade, a disciplina e incansável atividade que marcaram o seu ministério. A reforma do patrimônio doutrinal rico e aprofundamento da vida espiritual que veio do pietismo entrou em ação com paixão evangélica.* (Escobar, 1986, p. 25)

Afirmar nossa identidade evangélica implica reafirmar nosso compromisso com a herança da Reforma. Não significa, entretanto, assumir uma postura acrítica em relação a nossa tradição, nossas doutrinas ou nossa missiologia (Campos, 2002).

A Reforma tem muito a nos ensinar. O primeiro aspecto que podemos mencionar é a coragem: para acreditar na Palavra de Deus mesmo em detrimento de certas vantagens pessoais, para se levantar contra o mais forte e para crer, exercer fé naquilo que Deus tem falado, mesmo quando o exercício não é majoritário. Um importante exemplo que temos da Reforma são a dedicação e o estudo da Palavra de Deus. Não temos autoridade para afirmar ou fazer teologia com base naquilo que Deus não disse. Fazer teologia é entender a mensagem de Deus para nosso povo dentro de nosso tempo e com aplicações que resultem em Sua glória. Deus sempre é e sempre deve ser glorificado.

Na época da Reforma, podemos dizer que os homens se voltaram àquilo que Deus tinha falado para aquele tempo. A mensagem da Igreja estava destinada a interesses próprios, e não aos interesses de Deus. Em todas as gerações da existência humana, a mensagem de Deus resultará na salvação de todo aquele que crer. Quando o homem rejeita a salvação que vem da parte de Deus por intermédio de Seu filho Jesus, ele se volta para si mesmo, não aceitando os valores apresentados por Deus por meio de Sua Palavra. A Reforma nos ensinou que Deus tem poder para intervir e mudar a história quando homens e mulheres acreditam em Sua Palavra e declaram isso com poder e autoridade a todos aqueles que creem – quem crê recebe o impacto da Palavra.

O mundo nunca mais foi o mesmo desde que Martinho Lutero[2] declarou com ousadia suas teses. Quando pensamos nelas, vemos a declaração de que Deus deve ser exaltado e o homem, na verdade, depende de Deus para tudo. Após os primeiros passos dados por Lutero, a fim de resgatar a devoção e conclamar a Igreja e o povo a se voltarem para Deus, o mundo parou, pensou e alguns concordaram que Deus deveria mesmo ser exaltado, enquanto outros continuaram servindo à Igreja como instituição. Mas, como tal, a Igreja deve seguir as normas de Deus, e não as dos homens.

Pensando na Igreja latina, podemos afirmar que ela precisa de homens de coragem para romper com o pecado, para dizer que Jesus Cristo é o Senhor, para declarar que Deus está agindo no meio do povo e que nessa parte do mundo Deus pode levantar líderes comprometidos com a verdade e dispostos a anunciar que Jesus é o Senhor de todo aquele que crê. Precisamos de dedicação e estudo da Palavra de Deus, pois nunca teremos uma teologia bíblica que não seja inspirada por Ele. Quando pensamos em teologia, Deus aparece em primeiro plano e o homem vem depois. Nesse sentido, temos cometido erros teológicos em nosso contexto, em virtude de termos desenvolvido uma teologia tentando resolver os problemas do homem, esquecendo o que Deus pensa dele.

A teologia não deve ser desenvolvida para resolver necessidades humanas; deve partir do fato de que precisamos conhecer a Deus como Ele verdadeiramente é para descobrirmos alternativas que resolvam as misérias do ser humano. Precisamos estudar a Bíblia pela ótica de conhecimento de Deus e de Sua pessoa. Quando conhecemos Deus e Seu caráter, podemos, então, desenvolver uma hermenêutica contextualizada que alcance o homem em suas mais diversas carências.

---

2   Monge agostiniano e professor de teologia germânico, uma das figuras centrais da Reforma Protestante.

É uma história sobre o Brasil, sobre a maneira como os crentes estabelecem uma relação com o próprio corpo, é a narração de um poder psíquico sobre o corpo. A teologia da prosperidade pretende dizer que a saúde depende da fé; a rigor, ficamos doentes porque não temos fé. Mas o discurso teológico só pode ter efeitos em um contexto de fervor religioso, de devoção que, aliás, ele mesmo suscita. Fala-se habitualmente de "fanatismo" para designar o caráter inaceitável para o homem, o qual se isenta de qualquer espírito crítico e se devota a um ideal ou a uma religião que lhe causa dependência e, muitas vezes, intolerância quanto a ideias contrárias (Corten, 1996, p. 135).

Com muito temor e tremor, precebe-se que a Igreja latina deve romper com a instituição, porque esta valoriza o homem, e a teologia valoriza a Deus. Somente quando experimentarmos uma libertação da instituição, que muitas vezes tem tomado o lugar da Igreja de Cristo, poderemos ver e levantar de nosso meio líderes verdadeiramente comprometidos com Deus, que farão a diferença em sua vida e, consequentemente, proclamarão a Deus para o mundo de forma eficiente.

> *Nosso mundo está apavorado em busca de um líder. Está procurando alguém que tenha uma visão e possa exercer firmemente uma influência especial para levar um grupo ou um país rumo a metas de permanente benefício que atendem às reais necessidades dessas pessoas. [...] Um líder não nasce feito, faz-se. Reconhecidamente, algumas pessoas têm mais aptidão para a liderança do que outras, mas aptidão sozinha não faz dela um líder. Inversamente, outra que não tenha nenhuma aptidão para a liderança, mas possua ardente desejo de liderar, pode chegar ao sucesso na liderança.* (Haggai, 1990, p. 27-28)

A reforma da Igreja deve nos desafiar a andar de acordo com o espírito que predominava entre o povo de Deus. "Senhor, queremos que tu sejas glorificado em todos os aspectos, em detrimento disto, estamos dispostos até mesmo a dar nossa vida" (Steuernagel, 1986, p. 92). O "poder" do homem ou de qualquer instituição não é suficiente para alterar a glória de Deus:

> *Devemos avaliar os modelos de missão que herdamos do passado ou os importados do presente e buscar novos modelos. Isso implica forjar uma missiologia a partir da América Latina que considere as experiências e contribuições das igrejas e dos diferentes grupos étnicos e culturais do continente. Entretanto, a busca de novos modelos não deve nos levar a fazer concessões quanto à verdade de Cristo.* (Steuernagel, 1986)

O líder deve ser alguém que consiga comunicar não apenas ideias corretas, mas um sentimento de afeição. Sim, os líderes latino-americanos que chegaram a ser considerados pelo líder da aldeia foram aqueles que, de alguma forma, transmitiam, em grande estilo e à própria maneira, em suas palavras, a ideia de que, quando falam, as pessoas sentem que há alguém que as ama e que se importa e se preocupa com elas. Isso é parte do estilo do líder carismático (Burt, 1992, p. 105).

A liderança que tem surgido e ainda surgirá a partir dessa realidade saberá trabalhar as questões étnicas e culturais por meio do ponto de vista de Deus. Assim, podemos tomar as palavras de Escobar (1997) quando diz que o mundo de amanhã não precisa de latino-americanos que aspirem por viver na comodidade e no luxo dos missionários norte-americanos e europeus, mas de latino-americanos que convençam seus parceiros norte-americanos e europeus de que é possível viver com simplicidade e alegria com os meios estritamente necessários para realizar a obra e um senso de satisfação que vem da fidelidade ao chamado de Deus.

Há bons exemplos, como o Comitê Central Menonita[3], a Comunidade Internacional de Estudantes Evangélicos (CIEE)[4] e o Jovens com uma Missão (Jocum)[5], que mostram que essa meta não é impossível de ser alcançada.

A Igreja latina tem uma proposta a ser apresentada ao povo e, para que os líderes sejam eficientes, não precisamos nem podemos copiar métodos extraculturais; devemos apenas seguir os exemplos, assimilar o que de bom foi passado pelos missionários estrangeiros no decorrer do tempo. Não podemos negar o fato de que coisas boas foram ensinadas, como a dedicação e o desprendimento dos missionários estrangeiros que deixaram a própria pátria para se dedicarem a um povo que, muitas vezes, não levava o evangelho tão a sério como seus comunicadores.

> *A maioria de nós, líderes, são ativistas. Estamos orientados para a ação. Nós achamos muito difícil sentar em silêncio e meditar. Saímos correndo e voltamos correndo, lidando com o tangível. Passamos horas conversando com outros líderes e crentes, cantando, participando em reuniões; há pouco tempo para a oração sem pressa.* (Wee Hian, 1996, p. 61)

Apesar de tudo isso, não podemos nos esquecer de que a proposta para a Igreja latina deve partir do pressuposto de que os latinos têm sua estrutura formada dentro de seus conceitos.

---

3   Ministério mundial de Igrejas anabatistas que compartilha o amor e a compaixão de Deus por tudo em nome de Cristo, respondendo às necessidades humanas básicas e trabalhando pela paz e pela justiça.
4   Organização que promove a evangelização e o discipulado de alunos, formando comunidades de discípulos transformados pelo evangelho e que impactam a universidade, a Igreja e a sociedade para a glória de Cristo.
5   Missão internacional e interdenominacional empenhada na mobilização de jovens de todas as nações para a obra missionária.

Não se pode pensar em uma proposta para a formação de líderes latinos sem mobilizar um grande reforço ético.

> Se não admitirmos e praticarmos a ética Cristã cederemos espaço para a ética secular, pela cultura política de nossos países. Sem essa conscientização poderemos partir para militância política apenas para tomar vantagens e em busca de status, poder, prestígio ou vantagem materialista. Cavalcanti diz que não há futuro nem presente para aqueles que desconhecem e desvalorizam seu passado, renegam ou desvalorizam ou até mesmo espiritualizam os ensinos políticos da palavra de Deus e a construção teórica e prática de uma ética política, expressão mais abrangente do compromisso ético do convertido. (Cavalcanti, 1997, p. 179)

O latino deve encarar os princípios de Deus com muita seriedade e responsabilidade e questionar: Existe uma ética pentecostal suscetível de preparar para um novo "espírito do capitalismo"? Pelo ascetismo que ordena aos crentes, o pentecostalismo é uma nova versão da ética protestante? Ou, ao contrário, essa ética pentecostal é a consequência da deterioração das condições econômicas? O crescimento exponencial do pentecostalismo durante os anos 1980 é a tradução ideológica da "década perdida"? A ética pentecostal seria apenas um processo de adaptação ao empobrecimento? Enfim, como o protestantismo, antes evitado pelo latino por razão de seu "espírito", penetrou essa potência do catolicismo que é o Brasil? Não há respostas simples para essas questões. Devemos lembrar, no entanto, que, se a ética pentecostal está presente nas classes médias, ela é sobretudo ética do "mundo dos pobres" (Corten, 1996, p. 135).

A pregação do evangelho no contexto latino, em virtude de sua grande extensão geográfica, deve levar em consideração o pobre, sem atender a suas necessidades básicas. Em geral, tem-se um conceito de que Deus é bom e está interessado em ajudar, mas nessa ajuda não estão incluídas a responsabilidade e a obediência aos princípios de Deus. Cabe a nós reforçar e desenvolver essa dinâmica entre o povo.

Tanto Escobar quanto os participantes do III Congresso Latino-Americano de Evangelização (Clade III), por meio da Declaração de Quito, mostram-se preocupados com a propagação do evangelho a partir dos latinos. Devemos pensar no futuro: a América Latina, por meio de cidadãos comprometidos com Deus, tem muito a cooperar para a expansão do evangelho no mundo. O latino é aceito em várias partes do mundo, por isso, quando for treinado e capacitado para anunciar o evangelho, os efeitos serão excelentes.

Não devem ser feitas concessões a respeito da Verdade de Cristo e não é permitido chamar o pecado de problema; ele deve ser tratado como desobediência que separa o homem de Deus, deve ser confrontado de acordo com a Palavra de Deus. As pessoas não têm procurado uma religião que pede uma adesão firme e para sempre; a maioria identifica a liberdade com a livre escolha: um dia, em uma religião; em outro, outra religião, a que mais agrada atualmente. Além disso, parece que pertencer a uma religião não constitui nenhum compromisso para o futuro. O discurso teológico incita à devoção, pede a participação, e não é a facilidade que incita à devoção – garantimos que também não é a facilidade que atrai os pobres nos grandes movimentos religiosos pentecostais (Corten, 1996, p. 38).

A santidade deve ser inegociável, o espírito que deve prevalecer entre o povo deve ser o de santidade. Deus deve ser constantemente exaltado e glorificado por Seu povo; não pode ser esquecido nem negligenciado em função de vantagens pessoais. Quando esquecemos que Deus deve estar em primeiro lugar, facilmente barateamos a mensagem do evangelho para que tomemos algum tipo de vantagem. "Não existe concessões no reino de Deus, o reino não é nosso e devemos proceder de acordo com os princípios deste rei que tanto nos ama e quer nos conduzir da melhor maneira possível". Nada substitui a disciplina espiritual, a oração, a meditação. A exortação mútua e a expectativa ante o Senhor têm sido as principais formas de vocação missionária, e o espírito de serviço do aprendizado e da convivência com outros é o que sustém o missionário firme em sua devoção a Cristo e nos conflitos e dificuldades de seu serviço (Escobar, 1986, p. 49).

> *A mensagem pode ser resumida em uma frase. "Esta é a mensagem que dele ouvimos e vos anunciamos: que Deus é luz". Deus é luz. Há vários lugares no Novo Testamento, que é a definição de Deus... Podemos lembrar outra passagem; Deus é fogo consumidor. O que fala Luz? Em primeiro lugar eu acho que fala das verdades de Deus. Está na sua natureza e se revela. A luz não pode ser escondida. Em Deus não há hipocrisia, nele não há nenhuma dissimulação! Mas, para não falar da sua santidade. O que ele faz é coerente com sua natureza santa. Um dos maiores obstáculos para a comunhão verdadeira é falta de autenticidade, a hipocrisia. Entendemos que Deus é luz e nele não há trevas.* (Burt, 1992, p. 92)

Uma pastoral relevante faz perguntas, e uma das que mais se destacam é a seguinte: Qual é a missão da Igreja em uma sociedade de contrastes tão marcantes? Admitindo-se uma postura fatalista, isto é, considerando-se que Deus é responsável pela presença dos pobres entre nós, existem três abordagens, que são complementares. A primeira determina que a Igreja deve viver e proclamar a redenção de Deus em Cristo, pelo poder do Espírito Santo – a nova sociedade depende de novos homens. A segunda estabelece que a Igreja pode ser parte importante da consciência nacional, comprometendo-se com uma visão cristã da sociedade humana em que se busca a superação de todas as injustiças geradoras de miséria. A terceira informa que a Igreja pode e deve fazer alguma coisa de concreto enquanto sonha com uma sociedade mais marcada pelos ideais do reino de Deus, ainda que o realismo bíblico exija que se leve a sério o poder do pecado e do mal na sociedade humana.

À Igreja cabe viver e proclamar o evangelho. É isso que o Novo Testamento chama de "fazer o bem". "Nossos defeitos são reais e precisamos enxergá-los, bem como nossas virtudes. A vida é um processo no qual estamos envolvidos. O fato de termos concepções teológicas claras não impedirá que sigamos o processo de crise pelo qual todos os seres humanos passam" (Steuernagel, 1996, p. 153).

Síntese

Cabe à Igreja ser referência e capacitar o cidadão para servir a Deus, bem como participar da sociedade com projetos transformadores e impactantes.

O evangelho incomoda, traz indignação contra a injustiça, levanta-se com uma voz profética por meio dos seguidores de Jesus e aponta o caminho que deve ser seguido. Ainda assim, os desafios do tempo presente servem de incentivo para que a pregação continue.

A mensagem do evangelho de Jesus é muito maior do que o sistema que rege a sociedade, por isso os cristãos devem preservar-se e proteger-se do secularismo, não se esquecendo das ações de Deus a favor daqueles que o seguem. Deus tem um grande e bom plano para todo ser humano, basta segui-lo e obedecer a Seus princípios.

A política não tem todas as respostas de que os seres humanos precisam para resolver suas inquietudes, mas a mensagem do evangelho de Jesus contém as boas-novas de salvação. Ela, sim, é transformadora e aponta os caminhos necessários para resolver os dilemas humanos.

Precisamos reafirmar nossa identidade evangélica, nosso povo, nossa gente, nossa cultura, nossa forma de adoração, pois, por intermédio de uma fé autêntica sem deformação cultural, o evangelho de Jesus será propagado por todo o continente latino-americano e será bem-aceito.

Atividades de autoavaliação

1. Considerando a questão proposta, indique se as afirmações a seguir são verdadeiras (V) ou falsas (F):

    Quais são as duas forças culturais poderosas que têm sido aceitas pela sociedade?

    ( ) Os movimentos gerenciais e os terapêuticos.
    ( ) Igreja e sociedade.
    ( ) Teologia e carisma.
    ( ) Sociedade e religião.

    Assinale a alternativa que corresponde à sequência correta:

    a) F, V, F, V.
    b) F, F, F, V.
    c) V, F, F, F.
    d) V, V, V, V.

2. Considerando a questão proposta, indique se as afirmações a seguir são verdadeiras (V) ou falsas (F):

   De que forma podemos explicar que o evangelho é desafiador?

   ( ) A mensagem do evangelho deve conter a conversão radical do pensamento e da atitude em direção a Deus.
   ( ) A mensagem do evangelho deve conter aspectos da sociedade.
   ( ) Com arrependimento e sem a salvação é suficiente.
   ( ) O evangelho apresenta alternativas que ultrapassam os limites sociais.

   Assinale a alternativa que corresponde à sequência correta:

   a) V, F, F, F.
   b) F, V, F, V.
   c) V, V, F, F.
   d) F, F, F, V.

3. Considerando a questão proposta, indique se as afirmações a seguir são verdadeiras (V) ou falsas (F):

   Quais são as funções de uma pastoral relevante?

   ( ) Ajudar o indivíduo a desenvolver suas capacidades de criar, ter esperança, propor objetivos e ampliar a fé do cristão.
   ( ) Ultrapassar os limites na sociedade.
   ( ) Levar em conta o indivíduo e seus aspectos elementares.
   ( ) A obra redentora de Cristo, sendo relevante, deve se adaptar às instituições.

Assinale a alternativa que corresponde à sequência correta:

a) V, V, F, F.
b) F, F, F, F.
c) V, F, V, F.
d) V, F, F, F.

4. Considerando a questão proposta, indique se as afirmações a seguir são verdadeiras (V) ou falsas (F):

Como o ser humano forma sua concepção de mundo?

( ) Por meio de um conjunto de significação da realidade, uma visão da realidade e uma concepção de mundo.
( ) Por meio do universo e com objetivos definidos.
( ) Por meio de um conjunto de valores e de culturas.
( ) Para cada cidadão, um objetivo definido.

Assinale a alternativa que corresponde à sequência correta:

a) V, F, F, F.
b) F, V, F, V.
c) V, V, V, F.
d) F, F, F, V.

5. Considerando a questão proposta, indique se as afirmações a seguir são verdadeiras (V) ou falsas (F):

Que ideia foi mais difundida após o aparecimento dos primeiros pensamentos de Lutero?

( ) Deus deve ser exaltado acima de todas as coisas.
( ) Precisamos preservar a instituição.
( ) A religião deve ser a fonte matriz para cada ação do cidadão.
( ) Sem devoção e com ação, deve-se colocar Deus acima de tudo.

Assinale a alternativa que corresponde à sequência correta:

a) F, F, F, V.
b) V, F, F, F.
c) F, F, V, F.
d) V, V, F, F.

Atividades de aprendizagem

Questões para reflexão

1. Desenvolva uma pesquisa a respeito da identidade latino-americana. Após coletar dados suficientes, reúna-se em grupo para conversar sobre o assunto. Lembre-se de pesquisar sobre países, cultura, idioma, religião, tendências.

2. Em seu modo de entender, com base nos estudos realizados neste capítulo, qual é a verdadeira identidade do povo latino-americano e, principalmente, do povo cristão? Discuta em grupo sobre esse assunto.

Atividade aplicada: prática

1. Visite igrejas e, com base nessas visitas, desenvolva uma narrativa sobre o que observou. Depois, sob seu ponto de vista, escreva como deve ser o desenvolvimento da Igreja e sua verdadeira identidade.

capítulo quatro

Reflexão contemporânea sobre a práxis cristã relacionada ao serviço pastoral

04

Neste capítulo, apresentaremos uma análise das ações pastorais com o objetivo de identificar os conceitos e as práticas cristãs relacionadas ao serviço pastoral.

Partimos do pressuposto de que os aspectos conceituais de uma ação são fundamentais, desde que sejam desenvolvidos sólidos conceitos e fundamentos que não comprometam a prática pastoral.

4.1 O pastorado cristão

Quando pensamos em pastorado cristão, devemos partir do pressuposto de que o pastor deve ter pontos fortes de identificação com seus liderados. Ousadamente, podemos afirmar que, quando ele já passou por situações difíceis, tem mais capacidade de liderar, por haver a devida identificação com os fatos. Por outro lado, apesar de não ter passado por situações críticas e difíceis na vida, deve agir como aprendiz e ter coragem para tomar posturas de identificação.

> Não que eu o tenha já recebido ou já obtido a perfeição; mas prossigo para conquistar aquilo para o que também fui conquistado por Cristo Jesus. Irmãos, quanto a mim, não julgo havê-lo alcançado; mas uma coisa faço: esquecendo-me das coisas que para trás ficam e avançando para as que diante de mim estão. (Bíblia. Filipenses, 2013, 3: 12-13)

Com base nesses pressupostos, o pastor terá grande desenvoltura em seus projetos. Haggai (1990, p. 16) trata desse assunto em seu livro *Seja um líder de verdade*: "Deus está chamando líderes. Não detentores de poder. Nem artistas viciados [...]. Nem peritos em congratulações mútuas. Nem traficantes de influências. Nem demagogos exibicionistas, manipuladores de multidões. Deus está chamando líderes!".

A sociedade mundial clama por líderes – na escola, na família, na política ou na Igreja – as massas buscam uma verdadeira liderança. O mundo não necessita de um elenco elitista que fale do amor de Deus e da compaixão enquanto se mantém isolado das pessoas de carne e osso.

> Tende em vós o mesmo sentimento que houve também em Cristo Jesus, pois ele, subsistindo em forma de Deus, não julgou como usurpação o ser igual a Deus; antes, a si mesmo se esvaziou, assumindo a forma de servo, tornando-se em semelhança de homens; e, reconhecido em figura humana, a si mesmo se humilhou, tornando-se obediente até a morte de cruz. (Bíblia. Filipenses, 2013, 2: 5-8)

O procedimento atual, em determinados casos, na liderança pastoral é totalmente contrário aos princípios de Jesus. Humildade e desprendimento são raros, não se desenvolve uma disposição para o exercício de uma liderança comprometida com os ideais do reino de Deus. Uma pastoral efetiva e relevante se concentra no esforço de exercer conscientemente uma influência especial dentro de um grupo, no sentido de levá-lo a atingir metas de permanente benefício que atendam às necessidades reais da comunidade. Quando essa liderança surge de alguém da comunidade, a tendência é haver melhor aceitação da parte daqueles que estão relacionados.

Para que isso fique claro e se torne um sinal eficaz para todos, é preciso que a comunidade cristã adote formas radicais de poder-serviço (disposição de se envolver com a comunidade seguindo os moldes de Cristo), desenvolvendo um sistema de liberdade e evitando as pressões das estruturas religiosas, por exemplo. O poder de mando não pode ultrapassar o sentido voluntário do evangelho: servimos por amor e devoção, não por obrigação ou medo, por isso o poder do amor deve ser latente em todas as práticas cristãs. Uma atitude genuína de fé no Espírito Santo deve permear o ambiente cristão, resultando no poder serviço que acabará contagiando aqueles ao redor.

Uma pastoral que não percorra esses caminhos estará atuando de forma irrelevante, por isso é preciso haver um processo de mobilização, sem estar comprometido com as estruturas religiosas de nosso tempo. Ao observarmos o ministério de Jesus, percebemos que há uma mobilidade sem se deixar prender pelas estruturas religiosas de sua época. Jesus tinha a mensagem do reino de Deus para anunciar, por isso ele conduzia seus ideais e cumpria com a vontade do Pai.

O perigo que líderes de igreja correm quando buscam beneficiar-se de modelos funcionais é facilmente negligenciar a importância do caráter espiritual do processo. Deus quer ser conhecido e, para que isso aconteça, as pessoas que o servem devem transmitir para a sociedade um bom testemunho. Este é um dos principais valores do evangelho, revelar Deus para que as pessoas o conheçam, e devemos ser conscientes de que Deus é Espírito e Ele se torna conhecido por meio de nossas ações. Atualmente, corre-se o risco da comercialização dos bens relacionados à salvação, o que desmoraliza a essência do evangelho – deve-se estar certo de que Deus não faz parte disso.

> *O sentido Ideológico das pregações dos pastores manifesta-se na medida em que manipulam ao seu proveito os espaços sensíveis e problemáticos dos fiéis... sobretudo no que concerne a saúde, os problemas econômicos e a vida sentimental, pois, em troca da solução dos problemas, os pregadores exigem dos fiéis dons para Jesus e a sua adesão à igreja. "Para os pastores, não são só os problemas econômicos ou financeiros que exigem uma contrapartida financeira, mas também o que acontece de bom na vida dos fiéis e das suas famílias".* (Corten, 1996, p. 78)

A pastoral moderna continua a reproduzir um modelo já questionado por Weber:

> *A crítica da ideologia ou da colonização do mundo de vida? "A hipótese global que se obtém a partir disso tudo (da crítica da análise weberiana das patologias da modernidade), para análise dos processos de modernização, é que o mundo da vida, progressivamente racionalizado, termina desacoplado dos âmbitos de ação formalmente organizados e cada vez mais complexos que são a economia e a administração estatal, e se vê sob sua dependência. Essa dependência, que provém de uma mediatização do mundo e da vida pelos imperativos sistêmicos, adota a forma patológica de uma colonização interna, à medida que os desequilíbrios críticos na reprodução material (isto é, as crises de controle analisáveis em termos de teoria de sistemas) só podem ser evitados ao preço de perturbações simbólicas do mundo da vida (ao preço da crise, porque, subjetivamente, se experimentam como ameaças à identidade, ou como patologias).* (Thompson, 1995, p. 95)

Tentar padronizar comportamentos e ainda assim relacioná-los a padrões religiosos não foi o caminho usado por Jesus. Sua proposta pastoral passava pela convivência e pela identificação de habilidades pessoais, pelos dons ministrados por Deus e pela disposição para o serviço, com a qual pescadores tradicionais se tornam proclamadores de uma ideologia revolucionária: a fé cristã (Bíblia. Lucas, 2013, 10: 1-12).

O cidadão latino-americano tem em sua história pontos marcantes que o diferenciam ante a maioria dos cidadãos do mundo moderno. Passamos por um longo período de opressão, fomos identificados como um grupo que foi explorado ao extremo no processo de colonização, o que tem nos caracterizado para o improviso. Podemos nos lembrar dos períodos em que a inflação alta era uma realidade na maioria dos países latinos. Chegamos a ponto de vencer essas questões e, atualmente, vários administradores latinos são chamados para exercer liderança em outros países em virtude de terem conseguido superar as dificuldades financeiras da época e serem bem-sucedidos nos negócios.

Citamos anteriormente a figura de Nóbrega, um tecnojesuíta que planejou a colonização do Brasil, pedindo ao século a domesticação do gentio selvagem. Contou com o apoio da Coroa portuguesa e de nomes como Anchieta, Figueira, Chico Pinto, Leonardo do Vale, todos ainda rapazes inexperientes e empolgados pela utopia de Anchieta.

Afundaram todos no feio ofício de amansadores de índios para a morte ou o cativeiro. Depois, lamentavelmente tarde demais, perceberam o que fizeram e lamentaram na velhice os atos realizados (Boff, 1998, p. 15). E o que vem acontecendo ao longo da nossa história, resultado de tudo isso? Miséria, pobreza, doenças...

> Miséria é palavra de significado impreciso, como de resto a maior parte dos termos que se referem à camada menos favorecida da sociedade. O que exatamente quer dizer "pobreza" ou "indigência"? Como identificar um pobre? [...] Não haveria subjetividade demais nas estatísticas? Em geral, cada um percebe a miséria por sua experiência pessoal, como definiu a americana Mollie Orshansky, uma das maiores especialistas no assunto: "A pobreza, tal qual a beleza, está nos olhos de quem a vê". Para efeito estatístico, no entanto, os estudiosos chegaram a uma definição matemática sobre o que são miséria e pobreza. Conseguiram estabelecer duas grandes linhas. Uma delas é a linha de pobreza, abaixo da qual estão as pessoas cuja renda não é suficiente para cobrir os custos mínimos de manutenção da vida humana: alimentação, moradia, transporte e vestuário. Isso num cenário em que educação e saúde são fornecidas de graça pelo governo. Outra é a linha de miséria (ou de indigência), que determina quem não consegue ganhar o bastante para garantir aquela que é a mais básica das necessidades: a alimentação. No caso brasileiro, há 53 milhões de pessoas abaixo da linha de pobreza. Destas, 30 milhões vivem entre a linha de pobreza e acima da linha de miséria. Cerca de 23 milhões estariam na situação que se define como indigência ou miséria.
> (Mendonça, 2002, p. 84)

No que diz respeito ao entendimento das necessidades espirituais, pode-se propor que o cidadão latino entende muito bem o que se passa no fundo da alma humana; percebe-se isso pela música, pela poesia e por outras artes que têm sido desenvolvidas desde o período de colonização até nossos dias.

O latino tem um fator aliado a sua personalidade, o que pode ser caracterizado como pioneirismo, já que enfrenta agruras para conseguir cidadania em outros países; por exemplo, brasileiros e mexicanos lutam para se estabelecer nos Estados Unidos da América. Clandestinos, na maioria das vezes passam por situações terríveis, submetem-se a perseguições, extradição e por vezes até vivem em clima de constante insegurança dentro das estruturas fechadas pelo preconceito da sociedade norte-americana.

O número de brasileiros no exterior ainda não passou por um levantamento oficial, mas as estimativas de pesquisadores apontam para dados espantosos. De acordo com as avaliações mais modestas, cerca de 2 milhões de brasileiros moram atualmente em outros países. O maior contingente, em torno de 1 milhão de pessoas, está concentrado nos Estados Unidos. Desse total, entre 70% e 80% estão em situação ilegal (Flexa, 1999).

Pensando nessas questões, podemos dizer que o latino, se for bem preparado e tiver com forte embasamento nas questões pastorais, quando chegar até o evangelho, consertará sua vida, fortalecerá a ética e resolverá suas questões de valores morais. Pode, com certeza, tornar-se um pastor cristão eficiente em situações que exigirem uma postura séria e definida. "Um [pastor] deve ter boa compreensão das necessidades reais dos outros. Ele mantém uma sensibilidade, uma percepção aguçada, em relação às pessoas que Deus lhe confiou e pelas quais é responsável" (Haggai, 1990, p. 23).

Sofrimentos e perseguições são comuns na América Latina. Constata-se que isso tem preparado os cidadãos para entender o sofrimento alheio, o que torna mais fácil a identificação por determinada causa, quando já se passa por situação semelhante. Devemos entender que a liderança latina precisa ser preparada e fortalecida em seus valores. Durante o IV Congresso Latino-Americano de Evangelização, afirma-se que a integridade do pastor cristão se torna debilitada porque este ingressa na tarefa de liderança sem ter competência suficiente, e o que muitos fazem, na verdade, é apenas ocupar um cargo.

Precisamos fortalecer, cada vez mais, os valores do reino de Deus para que os pastores que surgirem tenham essas questões definidas em sua vida pessoal, não diferenciem a conduta profissional da pessoal, mostrem harmonia entre seu comportamento e suas palavras e coerência de procedimento no que diz respeito aos negócios e ao trato com as pessoas. Essa questão, no contexto latino, deve ser apreciada com bastante seriedade. Por ocasião do III Congresso Latino-Americano de Evangelização (Clade III), foi reconhecida a importância do tema referente à integridade pessoal e familiar dos líderes latinos: "De vários lugares chegam notícias tristes sobre a falta de ética de pessoas que estão envolvidas diretamente com o ministério, inclusive pastores. Existe com urgência certa necessidade de um ministério pastoral dirigido a pastores" (Piriz, 1994, citado por Steuernagel, 1994, p. 153).

Ao mesmo tempo que temos em nossa história esse aspecto moral fraco e comprometido, temos também a disposição para crescer e melhorar como indivíduos. Nessa geração, têm surgido homens e mulheres fortes em sua liderança a ponto de fazerem a diferença no contexto em que vivem. Podemos afirmar, com certeza, que é possível o surgimento de fortes lideranças em nossa sociedade, que não esqueçam nem negligenciem aspectos que precisam ser fortalecidos e trabalhados no caráter da liderança e enfatizem os valores do reino de Deus. Podemos perceber na citação de Maquiavel (1976, p. 126) o compromisso dos príncipes em relação aos liderados – apesar de ser essa uma proposta bem personalista, vale a pena ser considerada:

> Deve, ainda, um príncipe mostrar-se amante das virtudes, dando oportunidade aos homens virtuosos e honrando os melhores numa arte. Ao mesmo tempo, deve animar os seus cidadãos a exercer pacificamente as suas atividades no comércio, na agricultura e em qualquer outra ocupação, de forma que o agricultor não tema ornar as suas propriedades por receio de que as mesmas lhe sejam tomadas, enquanto o comerciante não deixe

> de exercer o seu comércio por medo das taxas; deve, além disso, instituir prêmios para os que quiserem realizar tais coisas e os que pensarem em por qualquer forma engrandecer a sua cidade ou o seu Estado. Ademais, deve, nas épocas convenientes do ano, distrair o povo com festas e espetáculos. E, porque toda cidade está dividida em corporações de artes ou grupos sociais, deve cuidar dessas corporações e desses grupos, reunir-se com eles algumas vezes, dar de si prova de humildade e munificência, mantendo sempre firme, não obstante, a majestade de sua dignidade, eis que esta não deve faltar em coisa alguma.

Notam-se postulados de um trabalho integral, motivador e estimulador para o cidadão em suas funções comunitárias. Nesse campo, o cristianismo é a melhor opção para o latino-americano, que, por sua vez, conhecendo a Jesus, pode ser um agente de transformação, levando o evangelho para outros povos e fazendo a diferença em seu contexto social.

Precisa-se de um retorno às Escrituras e, para isso, o modelo bíblico deve ser o referencial, já que não se pode moldar a pastoral a partir de técnicas gerenciais ou tipos de autoajuda. O ponto de partida da pastoral atual e relevante está contido nas páginas do evangelho, com Jesus como o principal modelo: o apóstolo Paulo ensina como se deve agir e colocar em prática os princípios ensinados por Jesus.

A tendência entre os pastoralistas é de fazer uma abordagem pastoral puramente acadêmica, na qual os postulados se perdem em conceitos às vezes impraticáveis e totalmente fora da realidade do pastor. Em contrapartida, outro grupo de pastores, voltados apenas para o ministério em uma perspectiva pragmática, está totalmente contra a reflexão e, com isso, vai se perdendo em um emaranhado de atividades religiosas que acabam se tornando impraticáveis para aqueles que precisam ouvir sobre "fábulas de sonhadores religiosos".

O modelo para uma pastoral latino-americana (contextualizada e relevante) se encontra nas Escrituras; devemos fazer uso e reflexão da história, podemos utilizar as ferramentas científicas, no que diz respeito à formação e à capacitação de lideranças, mas sem perder de vista as Escrituras. "Porque vós, irmãos, sabeis, pessoalmente, que a nossa estada entre vós não se tornou infrutífera; mas apesar de maltratados e ultrajados em Filipos, como é do vosso conhecimento, tivemos ousada confiança em nosso Deus, para vos anunciar o evangelho de Deus em meio a muita luta" (Bíblia. I Tessalonicenses, 2013, 2: 1-2).

O modelo de pastoral proposto pelo apóstolo Paulo é fundamental para ser exercido pelo cidadão latino – uma vida frutífera para Deus, na qual seu testemunho faça a diferença no contexto em que vive, com confiança total em Deus como orientador e salvador do homem. Quando a cultura não fortalece os valores morais, devemos voltar para os princípios do reino de Deus, em que a honestidade é destacada; a renúncia salta nas páginas da Bíblia, e o compromisso com a geração atual é um dos pontos fortes das propostas cristãs.

Um ponto para reflexão: nesse continente pluralista, no que diz respeito a etnias e valores, pode-se desenvolver uma plataforma pastoral com líderes cristãos capacitados e impulsionados a fazer a diferença, tanto no contexto latino-americano como em outras partes do mundo. Algumas questões são fundamentais para refletir a respeito de uma pastoral adequada para o contexto latino-americano:

> *As comunidades comprovam que se pode ser cristão sem ser conservador, que se pode ser homem de fé e ao mesmo tempo comprometido com o destino da sociedade, que se pode esperar contra a esperança e na*

eternidade sem perder os pés no chão firme e o empenho na luta por um amanhã melhor, ainda aqui dentro de nossa história. (Boff, 1994, p. 207)

Algumas marcas do trabalho pastoral latino-americano foram propostas durante o Clade III: é um movimento majoritariamente leigo, que se propaga mediante o testemunho de crentes comuns, em sua maioria, organizados com recursos teológicos, humanos, econômicos e locais próprios; apela para uma experiência pessoal de salvação (denominada *conversão, novo nascimento, plenitude do Espírito Santo* etc.); insiste que essa experiência pessoal está ao alcance de todos; estimula novos crentes para a evangelização; faz de cada novo crente uma testemunha desde o momento da conversão, cujo raio de ação se amplia no núcleo familiar, entre parentes e conhecidos; anuncia mudanças, transformações e poder. Essa mensagem tem muita força perante um povo que tem sofrido muitos desencantos; o evangelismo tem sido capaz de articular possibilidades de mudanças para o povo e inserir os crentes em comunidades dinâmicas e criativas.

Essas marcas precisam ser consideradas por quem está pensando em desenvolver uma pastoral contextualizada, dinâmica e pertinente na América Latina.

Síntese

Para que o pastor exerça suas funções a contento, deve passar por um processo de capacitação, tanto a respeito dos aspectos litúrgicos da religião quanto da vida cotidiana das pessoas.

Cabe aos pastores a missão de não se deixarem envaidecer nem fazer de seu ministério uma oportunidade para tomar vantagens pessoais. No ministério pastoral, existe uma série de riscos que devem ser enfrentados com a postura própria de um pastor cristão.

O desenvolvimento e a formação do povo latino-americano passaram por um projeto colonialista e religioso com todas as implicações desse fato. Apesar de toda a exploração, o povo é forte, alegre e contagiante. Quando bem treinado e apresentado aos valores corretos da moral, pode se tornar um baluarte na defesa da fé e na propagação dos valores cristãos.

Para os latinos, a mensagem do evangelho a respeito das boas-novas e da possibilidade de mudança de vida deve vir acompanhada da esperança de viver dias melhores.

Atividades de autoavaliação

1. Considerando a questão proposta, indique se as afirmações a seguir são verdadeiras (V) ou falsas (F):

   Qual é o perfil dos líderes de que precisamos para o pastorado cristão?

   ( ) Não detentores de poder nem demagogos exibicionistas ou manipuladores de multidões.
   ( ) Poderosos e com capacidade de influenciar.
   ( ) Que saibam trabalhar com as pessoas e com suas respectivas funcionalidades.
   ( ) Talentosos e habilidosos.

   Assinale a alternativa que corresponde à sequência correta:

   a) V, F, F, F.
   b) F, F, V, F.
   c) V, V, V, F.
   d) V, F, V, F.

2. Considerando a questão proposta, indique se as afirmações a seguir são verdadeiras (V) ou falsas (F):

   Quais são as expectativas da sociedade a respeito de um líder cristão?

   ( ) A sociedade clama por líderes influentes.
   ( ) A sociedade clama por líderes que na escola, na família e na política sejam atuantes como são na Igreja.
   ( ) A sociedade busca uma verdadeira liderança que consiga fazer uma revolução.
   ( ) A sociedade clama por um elenco de líderes elitistas que consigam influenciar o mundo.

   Assinale a alternativa que corresponde à sequência correta:

   a) V, V, F, F.
   b) F, V, F, F.
   c) V, F, F, V.
   d) F, F, F, V.

3. Considerando a questão proposta, indique se as afirmações a seguir são verdadeiras (V) ou falsas (F):

   Que risco correm os líderes de igrejas?

   ( ) Podem facilmente negligenciar a importância do caráter espiritual do processo.
   ( ) Podem se envolver em atividade legais.
   ( ) Correm o risco de preservar sua profissão.
   ( ) Para cada ação da liderança, deve-se considerar as ações institucionais.

Assinale a alternativa que corresponde à sequência correta:

a) V, F, F, F.
b) F, V, F, V.
c) V, V, V, F.
d) V, F, V, F.

4. Considerando a questão proposta, indique se as afirmações a seguir são verdadeiras (V) ou falsas (F):

Qual era a proposta pastoral de Jesus?

( ) Ela acontecia por meio da convivência e da identificação de habilidades pessoais, dos dons ministrados por Deus e da disposição para o serviço.
( ) Jesus padronizava os comportamentos religiosos e outros caminhos.
( ) Os dons ministeriais dados por Deus e a disposição para o serviço em ações culturais e políticas.
( ) A proposta pastoral de Jesus passava pelo contexto além de sua realidade.

Assinale a alternativa que corresponde à sequência correta:

a) F, F, F, V.
b) V, V, V, F.
c) V, F, F, F.
d) F, V, F, V.

5. Considerando a questão proposta, indique se as afirmações a seguir são verdadeiras (V) ou falsas (F):

Qual tem sido a marca desta geração?

( ) Liderança forte e com capacidade para fazer a diferença.
( ) Liderança sem ação comprometedora.
( ) Liderança com ação e transformação.
( ) Liderança e transformação social.

Assinale a alternativa que corresponde à sequência correta:

a) V, F, F, F.
b) F, F, V, V.
c) F, V, F, F.
d) V, V, V, F.

Atividades de aprendizagem

Questões para reflexão

1. Identifique, por meio de estudo e pesquisa, quais têm sido os heróis da América Latina. Após essa identificação, compartilhe suas impressões com um grupo.

2. Identifique quais são os principais movimentos pastorais da América Latina e depois compartilhe as informações obtidas com um grupo.

Atividade aplicada: prática

1. Converse com um pastor de sua confiança a respeito dos fundamentos para uma ação pastoral relevante na América Latina.

capítulo cinco

Uma pastoral que faça a diferença

05

Na geração atual, como já enfatizamos, temos visto o surgimento de homens e mulheres fortes em sua liderança a ponto de fazerem a diferença no contexto em que vivem. Podemos afirmar, com certeza, ser possível a emergência de grandes lideranças em nossa sociedade, sem esquecermos aspectos que precisam ser fortalecidos e trabalhados no caráter da liderança e enfatizando os valores do reino de Deus.

Com tristeza, fazemos uma constatação a respeito do modelo pastoral que tem sido desenvolvido em muitas Igrejas que praticam uma apresentação ilusória, uma postura executiva evangélica que na verdade não encontra respaldo nas Escrituras. O chamado para o serviço pastoral (que tem a conotação de trabalho em função de Deus e do próximo, por isso a abordagem como serviço) na Bíblia é vocacional, e não profissional. Quando assistimos à postura de alguns líderes cristãos, devemos nos lembrar das colocações de Colson (1998, p. 288):

> É ridículo para qualquer cristão crer que ele próprio seja um objeto merecedor de culto público, seria como o burro carregando Jesus para Jerusalém, crendo que fosse ele que a multidão aclamasse e que para ele estendesse as vestes no chão. Mas as vantagens e adulações do público que acompanham a exposição da televisão são suficientes para inflar o ego da maioria das pessoas. Isso leva ao uso autoindulgente do poder, que alguns com razão chamam de "Síndrome de Imelda Marcos", que dizia: Porque estou nesta posição tenho o direito de fazer o quer que queira, com total egoísmo e desrespeito pelos outros. Poder é como água salgada, quanto mais você bebe com mais sede fica.

Servir a Deus no ministério implica renúncia, dedicação, sofrimento, disposição para ajudar outros em meio às dificuldades. A grande verdade é que o líder deve seguir o exemplo de Jesus, que é o grande modelo do ministério.

> Porque não nos pregamos a nós mesmos, mas a Cristo Jesus como Senhor e a nós mesmos como vossos servos, por amor de Jesus. Porque Deus, que disse: Das trevas resplandecerá a luz, ele mesmo resplandeceu em nosso coração, para iluminação do conhecimento da glória de Deus, na face de Cristo. (Bíblia. II Coríntios, 2013, 4: 5-6)

Esse é o espírito de vida praticado pelo apóstolo, anulando a si mesmo e exaltando a pessoa de Cristo por meio de suas ações – viver entre os pobres, ser acusado de algo que não fez, ter disposição de ajudar outros, estar sempre pronto para fazer a vontade do Pai e disposto a abrir mão de suas vantagens pessoais para fazer que a vontade de Deus prevaleça.

> A renúncia dos Pais do Deserto teve grande poder de transformação. Eles renunciaram aos bens materiais a fim de aprender o desapego. Esses homens e mulheres do deserto adquiriram grandes liberdades quando renunciaram a necessidade de possuir. Entre os dizeres dos Pais está a

história de um dignitário importante que deu uma cesta de moedas de ouro a um sacerdote no deserto, pedindo-lhe que a distribuíssem entre os irmãos. "Aquele que precisar que a leve", ninguém a tocou, nem mesmo se deu ao trabalho de olhá-la. Edificado, e sem dúvida atônito, o homem foi embora com a sua cesta de ouro. (Foster, 1999, p. 74)

Envergonhados constatamos que muitos entram na Liderança Cristã em busca de uma vida melhor. O desapego aos bens é uma raridade, para muitos tem faltado a disposição de servir; o que percebemos é uma louca corrida por vaidades pessoais e uma busca desenfreada pelo poder. "Pensemos na vida e no ministério de Jesus. Diferentemente dos ministérios profissionais de sua época ele não se conformou aos moldes da religião formal. Seu ministério não se encaixa dentro da estrutura padronizada dos rabinos do primeiro século. Ele já começou de modo diferente: ele simplesmente chamou alguns homens para segui-lo. Não desenvolveu programas espetaculares para atrair multidões, nada de campanhas grandiosas, nem mesmo um planejamento para abrir uma escola, onde se ensinaria as pessoas pregar. Não ele apenas reuniu em torno de si um punhado de homens com os quais mantinha comunhão íntima, e fez deles o ponto central de todo o seu ministério. (Swindoll, 1985, p. 110)

As distorções ministeriais têm alcançado a nova geração de pastores cristãos, e muitos estão entrando para o ministério à procura de novas oportunidades de vida e vantagens pessoais. "Assim, querendo-vos muito, estávamos prontos a oferecer-vos não somente o evangelho de Deus, mas, igualmente, a própria vida; por isso que vos tornastes muito amados de nós" (Bíblia. I Tessalonicenses, 2013, 2: 8). Essa atitude de Paulo nos constrange, quando avaliamos a situação atual e constatamos que poucos são aqueles que estão chegando por vocação e obediência ao Pai, por sentirem o valor de uma alma e estarem dispostos a seguir os passos de Jesus. Um senhor, presbítero em uma conceituada[1] Igreja no nordeste brasileiro, disse: "Nossa grande dificuldade na seleção de vocacionados é descobrir aqueles que têm um verdadeiro chamado ou estão atrás de oportunidades pessoais." "A psicose permeia até mesmo nossa mitologia. O herói moderno é o jovem pobre que se torna rico em vez do ideal franciscano onde o jovem rico se torna pobre. [...] Cobiça a que chamamos ambição. Tesouro oculto a que chamamos prudência. Ganância a que denominamos diligência" (Foster, 1999, p. 101). Para refletirmos sobre o ponto proposto, pensando em "pastoral bíblica", podemos tomar como ponto de partida o trabalho desenvolvido por Russel Shedd no livro *Seguindo os passos de Jesus*, no qual há alguns pontos importantes para uma pastoral relevante e, a partir das abordagens feitas, sugerem-se algumas reflexões. Algumas marcas do pastor cristão competente são destacadas:

> *Ele se preocupa com as pessoas. Trata-as com amor e preocupa-se com elas, o que exige o conhecimento de suas vidas, necessidades e ambições. Algo menos que um interesse genuíno pelo rebanho significa que o Pastor é um mercenário (Jo 10: 13). Não é raro encontrarmos um ministro que não ore diariamente pelos membros de sua igreja?*
> (Shedd, 1993, p. 84)

As pessoas são muito mais importantes do que os projetos e até mais do que os resultados pretendidos. O pastor deve aprender desde os primórdios de sua liderança a não trocar as pessoas por objetos, ou projetos, por melhores que sejam. Sem pessoas não há projeto; se pensamos em planos ousados e eficientes para glorificar a Deus, devemos sempre nos lembrar da importância de reconhecer o trabalho das pessoas.

---

1   I Igreja Presbiteriana de Aracaju, Sergipe, 1998.

A reprodução simbólica do mundo da vida não é um processo mecânico. A educação não é uma simples correia de transmissão cultural e ideológica que permite à sociedade reproduzir-se simbolicamente; é um processo hermenêutico no qual a tradição é, por sua vez, um marco, um limite e uma possibilidade de renovação. O mundo da vida sustenta os diferentes atores da relação educativa e lhes oferece uma base de diálogo e de discussão. O mundo da vida não é apenas um depósito de certezas culturais, mas também um conjunto dinâmico que se enriquece na comunicação; é feito também de capacidade e de intuições individuais (Preiswerk, 1998, p. 337).

Alguns pastores comprometem o próprio trabalho (às vezes de grande influência) quando se esquecem de que precisam da ajuda de outros, quando não estão abertos para receber conselhos, quando se esquecem de suas limitações e não percebem que, em várias situações, dependem da capacidade de outros irmãos para alcançar êxito em suas jornadas. Outra marca de destaque para uma pastoral competente é que

> *Os líderes pastorais competentes têm fortes convicções e entendem que devem desempenhar um papel como os trilhos que mantêm firme um trem, guiando-o e dirigindo-o a um destino predeterminado. Um pastor deve ter objetivos Bíblicos definidos, com sólidas raízes em sua visão da igreja.* (Preiswerk, 1998, p. 337)

> *O líder cristão nunca pode esquecer ou desconsiderar sua influência na vida de outros. A rejeição moral que suscita muitas vezes a ideia de poder provém da experiência histórica do mesmo – um espetáculo globalmente sombrio, como veremos. Mesmo assim, "imaginar que todo poder é despotismo é um erro. Pois há uma grande diferença entre o poder exercido sobre livres e o poder que se exerce sobre escravos" (Aristóteles, Pol., VII 3). A concepção bíblica e teológica do poder é fundamentalmente, isto é, ontologicamente positiva. Os padres da igreja não cansam de repetir:*

> *Não é o poder que é mau, mas o poderoso que dele abusa (Ambrósio, Agostinho, Crisóstomo, Gregório Magno etc.). Por isso é preciso resistir à teoria "substancialista" da política, tanto em sua versão erudita (K. Barth) como na vulgar. Seu equívoco está em considerar ontologia aquilo que não é história.* (Boff, 1998, p. 42)

Vivemos em uma época de indecisões, incertezas e inseguranças, o que indica que as pessoas precisam de ajuda. Os pastores e os líderes devem estar conscientes da tarefa de ajudar os necessitados, com firmeza de opinião e certezas baseadas nas Escrituras Sagradas. A indecisão pastoral atrapalha aqueles que estão precisando de orientação, pois, para que uma pessoa possa ajudar outra em suas incertezas, é preciso que tenha rumos claros e definidos.

Sobre esse assunto, Preiswerk (1998, p. 357) afirmou:

> *Já não é tempo nem de capitular frente ao número elevado de contextos, nem de alegar-se na pretensa posse de uma verdade segura, válida em todo o tempo e lugar. O cristianismo e suas teologias se realizam quando expressam e articulam a identidade cristã em situações de todo tipo. Um regime de identidade na relatividade poderá superar a esterilidade das exigências teóricas e práticas de universalidade.*

O cristianismo é como uma luz para as pessoas em um período de trevas e inseguranças, e cabe aos seguidores de Jesus apontar os caminhos para aqueles que procuram respostas e soluções.

> *O MUNDO PRECISA DE HOMENS... que não possam ser comprados; cuja palavra seja seu compromisso; que ponham o caráter acima de riquezas; que possuam opiniões e vontades; que sejam maiores que suas vocações; que não hesitem em arriscar; que não percam a individualidade no meio da multidão; que sejam tão honestos nas coisas pequenas como nas grandes; que não se comprometam com o erro; cujas ambições não se confiem aos seus próprios desejos egoístas; que não digam que fazem*

> isto *"porque todos fazem";* que sejam fiéis aos amigos em todas as circunstâncias; que não creiam que a astúcia, a manha e a obstinação são as melhores qualidades para se triunfar; que não tenham vergonha ou receio de se colocarem ao lado da verdade quando ela for impopular; que sejam capazes de dizer "não" com força, ainda que o resto do mundo diga "sim". (Engstrom, 1976, p. 137-138, tradução nossa)

Convicções devem ser bíblicas, firmes, e suas bases doutrinárias e teológicas precisam estar fortalecidas pela fé e pelo entendimento pessoal de Jesus. Mesmo contra sua vontade, em determinados momentos o pastor cristão será posto à prova em algumas questões (a respeito da própria fé, de calúnias, distorções a respeito de sua postura etc.), sua fé será testada, suas bases doutrinárias serão questionados, e ele deverá estar pronto para provar suas convicções e as bases de sua fé. Como diz o apóstolo Paulo, "Procura apresentar-te a Deus aprovado, como obreiro que não tem de que se envergonhar, que maneja bem a palavra da verdade" (Bíblia. II Timóteo, 2013, 2: 15). Shedd (1993, p. 87) destaca outro aspecto de uma pastoral competente:

> Um líder pastoral competente recruta pessoas para participarem do processo de atingir a causa que ele escolheu apoiar. Jesus convenceu os homens que chamou para juntar-se a ele na construção da sua igreja e de que o reino valia mais do que qualquer tesouro poderia custar para alcançá-lo. M. Rush expressou-o bem: "Apagar as velas de seus seguidores não tornará a sua mais brilhante, mas quando você usa a sua para acender as deles, você não só lhes fornece a luz como também multiplica o brilho de sua própria vela". Muitos de nós guardamos lembranças boas daqueles que nos recrutaram para Deus sua alegria e seu entusiasmo foram irresistivelmente contagiosos.

Esta é uma das principais marcas de um líder pastoral: recrutar pessoas e conseguir, por meio dos dons e das habilidades dados por Deus, reuni-las em torno de um ideal e, ao mesmo tempo, ajudá-las a encontrar realização pessoal e ministerialmente. Ajudar os outros a desenvolver seus dons e suas habilidades é um dom dado por Deus; muitos serão motivados pela graça e pela capacitação dados por Deus, no sentido de abraçarem a liderança sem constrangimento e como se fosse para o Senhor.

A capacidade de multiplicar lideranças falta atualmente; vivemos em um modelo em que os líderes são personalistas e às vezes estrelas de seus ministérios, não dividem a glória e procuram a glória terrena. Alguém classificou a glória dos homens como a onda de um rio provocada pelo lançamento de uma pedra: aparece fulgurante, mas termina em nada. Como líderes, nunca podemos esquecer que a grande realização, tanto pessoal quando ministerial, dá-se quando conseguimos transmitir o que temos aprendido para outros e ajudar os outros a se tornarem líderes muito mais eficientes e competentes do que nós, como fez Jesus. Nas palavras de Jesus: "Vocês farão obras maiores..." (Bíblia. João, 2013, p. 14: 12), tudo para a glória de Deus. Uma marca que se ressalta na liderança é a capacidade de incentivar outros a dar o melhor de si, como explica Shedd (1993, p. 87):

> Um Líder pastoral competente desafia os seus seguidores a fazerem o melhor possível. Jesus elogiava com sinceridade, muito embora tenha demonstrado insatisfação com os erros deles. Muitos discípulos desistiram de seguir Jesus porque não criam nele, os que continuaram enfrentaram um desafio crescente e um comprometimento maior.

Fazer o melhor é resultado de compromisso de vida, devemos fazer o melhor que pudermos quando estivermos envolvidos em um projeto no qual acreditamos e ao mesmo tempo estivermos sendo úteis para os outros. É, também, resultado de sentirmos prazer e alegria com aquilo que estamos fazendo – nunca daremos o melhor de nós mesmos em um projeto em que não acreditamos e que não faz sentido para nós. Gostar do que fazemos, ter motivação interior para nos levantarmos rotineiramente e realizar nosso trabalho faz cada dia ter grande importância naquilo que estamos fazendo.

Um dos aspectos mais interessantes da arte pastoral chama-se *transvisionar*, que significa conseguir passar para os outros de forma clara e convincente a visão que Deus tem dado e de maneira tal que a visão passe a ser de todo o grupo e das pessoas que estão envolvidas. Fazer o melhor em uma sociedade que espera o melhor dos outros é muito complicado, no entanto não é impossível. Devemos perguntar para nós mesmos: O que podemos fazer para que um projeto seja bem-sucedido? Não devemos esperar recompensas ou melhorias pessoais. Quando assumirmos uma postura de cooperação e ajuda, estaremos realizados e faremos o melhor porque aquele plano faz parte de nossa vida.

Outro ponto a ser destacado é o treinamento de seguidores, como explica Shedd (1993, p. 85):

> Um Líder pastoral competente deve conhecer o segredo de treinar seus seguidores a fazer o que ele faz. Quando Jesus convidou Pedro, André, Tiago e João a segui-lo, predisse especificamente que os tornaria pescadores de homens, Jesus os ensinou a persuadir os ouvintes cépticos acerca da verdade do evangelho que estavam proclamando.

Treinamento, acompanhamento, paciência, orientação são algumas palavras-chaves quando estamos tratando de pastoral. Não podemos exigir de nossos liderados que eles tenham determinados comportamentos ou que mostrem certa capacidade de realização se eles não forem treinados para isso. O acompanhamento deve ser periódico e sistemático, e o liderado deve sentir ou perceber de forma bem clara que está sendo acompanhado, que encontros periódicos são estabelecidos, além de avaliações sistemáticas dos projetos realizados e também da própria pessoa, com o objetivo de ajudar a despertar as capacidades para a liderança.

Um bom pastor é aquele que já errou muitas vezes, por isso tem alcançado degraus significativos na obra de Deus e demonstra paciência com os jovens. Temos tendência a cobrar muito dos jovens e geralmente comparamos suas atitudes com o nosso próprio treinamento, que muitas vezes nem existiu, a fim de enquadrá-los no mesmo esquema. Santa Ana (1985, p. 26) explica que

> *A pastoral de animação é espiritualidade no combate: não pode fugir do mundo, sair da luta, mas estar presente em nome de Cristo no centro dos acontecimentos. Com as opções do Evangelho: pelo Reino, pela justiça, pelos pobres e oprimidos, pela libertação, pelos direitos dos marginalizados, pela vida e contra a morte.*
>
> *[...]*
>
> *Isto é fundamental para orientar a ação da Igreja, para dar uma referência à pastoral, à itinerância, à caminhada do povo de Deus na história. "Postos os olhos em Jesus", quer dizer, no Bom Pastor, seu povo nômade caminha e abre novas pistas em meio à realidade diária referindo-se àqueles acontecimentos que experimenta a sua conjuntura; discernindo entre os mesmos a presença do Reino. Esses sinais do Reino, que se dão no tempo, devem ser apoiados, ratificados, através da ação pastoral.*

Um líder deve ajudar a superar dificuldades e fraquezas que serão somente percebidas no exercício da liderança. No desenvolver do trabalho e no contato com lideranças jovens, cabe ao líder competente saber o momento de dar oportunidade para os mais novos seguirem seus próprios passos:

> *Um líder pastoral competente sabe quando e como lançar um seguidor cortando o cordão umbilical e obrigando-o a liderar. Jesus não pretendia ficar na terra e assim manter seus apóstolos na posição de subordinados que receavam tomar decisões ou agir até que o chefe desse ordens. Jesus transformou os apóstolos em líderes quando os comissionou a ir a todo o mundo para fazer discípulos, muitas das estruturas e funções necessárias para a Igreja de Jerusalém, de Antioquia, até Roma pelo mediterrâneo desenvolveram devido a liberdade que Cristo deu a seus discípulos de Liderar em vez de continuarem numa condição de aprendizes imaturos.* (Santa Ana, 1985, p. 50)

Um grande desafio para os pastores já conceituados e reconhecidos por seu trabalho e por sua vida exemplar diz respeito ao trato com os mais jovens, quando chega o momento adequado para dar oportunidades de maior responsabilidade e projeção para eles. Jesus trabalhou seus discípulos e preparou-os para ficarem sozinhos e, ao mesmo tempo, darem continuidade ao trabalho e à missão que desenvolviam.

Alguns dos passos dados por Jesus servem como modelo e referencial para aqueles que estão pensando em dar oportunidades para novos líderes:

1. O recrutamento é fundamental. Devemos investir na vida daqueles que estão dispostos a crescer e a servir a própria geração, pessoas dispostas a seguir determinado projeto mesmo que isso custe muito, em todos os sentidos, principalmente em relação a ambições que são comuns para aqueles que não estão na liderança.
2. O incentivo deve visar ao treinamento. Jesus sempre deu oportunidades para aqueles que estavam junto dele, ensinou e depois deu chances para que eles mesmos pudessem exercer atividades

responsáveis[2]. Jesus não tentou fazer tudo sozinho; apesar de dar todo o apoio aos apóstolos enquanto estava presente, deixou bem claras as responsabilidades que eles exerceriam no futuro.
3. A confrontação foi um fator preponderante para o êxito do projeto. Jesus falava o que tinha de falar, anunciava os problemas apresentados durante o período da convivência, falava sobre a incredulidade, a inconstância, o medo, a covardia e outros aspectos que se apresentaram aos discípulos.

Ao considerarmos essas questões, podemos seguir o exemplo de Jesus quando pensarmos em ajudar um jovem líder a assumir as próprias responsabilidades, sem estar em uma constante dependência de seu mentor.

Refletir a respeito de uma pastoral que faz a diferença é desafiante, e não podemos padronizar um modelo. A Bíblia nos dá algumas pautas que servem como ponto de partida e referencial para um pastor que está seguindo o modelo apresentado por Jesus, mas nunca podemos nos esquecer das diferentes nuances desenvolvidas no decorrer dos tempos. A sociedade e a história, de forma geral, têm apresentado questões que precisam de tratamento específico, e nem todas as questões ou ideias são apresentadas na Bíblia. Temos referências adequadas que têm sido comprovadas com o passar dos tempos, mas, ainda assim, devemos pedir muita sabedoria a Deus para seguirmos os passos do Senhor e tomarmos as decisões adequadas no momento certo.

A pastoral, no contexto do pensamento católico latino-americano, refere-se à ação coletiva do povo de Deus, da Igreja, em cuja

---

2 Várias vezes Jesus comentou sobre a própria morte, mesmo sem os discípulos entenderem muito bem sobre o que ele estava falando, e não os iludiu a respeito do futuro; a ideia de sua partida e da responsabilidade que eles teriam ao dar continuidade ao projeto sempre ficou clara.

hierarquia o principal posto é o do bispo. No catolicismo, uma linha pastoral é formada principalmente por quatro elementos: a situação social, analisada por meio da perspectiva que surge da prática do povo crente; a memória da fé; a comunidade eclesial; e a ordem do ministério que encontra sua culminância hierárquica no episcopado (Santa Ana, 1985).

Para concluirmos, podemos sugerir aos homens e às mulheres de Deus que têm, de alguma forma, exercido liderança no corpo de Cristo que procurem espelhar-se nos modelos bíblicos e pensar em Pedro, Paulo, João, Wesley, Martinho Lutero, João Calvino, Charles Finney, homens que não se deixaram levar pelas tendências da época em que viveram, mas que permaneceram firmes nos valores apresentados por Jesus, fizeram a diferença em sua geração, não foram absorvidos por princípios não cristãos e não assumiram posturas diferentes das de Jesus. A tarefa pastoral não tem uma dimensão apenas teológica, é também política. Com isso, queremos dizer que o papel pastoral, pelo menos para os relatores dos escritos vetero-testamentários, tinha relação direta com os níveis da realidade sobre os quais incide decisivamente o jogo de poderes que existe em uma dada situação. O pastor, para os profetas de Israel, é quem tem a responsabilidade de conduzir o povo, tarefa que, sabe-se, é eminentemente política. Ou seja, o pastor de Israel não era julgado negativamente por ser político e atuar politicamente como pastor, mas por renunciar a fazê-lo (Santa Ana, 1985).

Síntese

Os modelos pastorais e de liderança contemporâneos precisam ser revistos, e a vocação sagrada deve ser pautada pelos princípios e pelos ensinamentos das Sagradas Escrituras. Os modelos de liderança têm sido desenvolvidos por meio de fontes diferentes, e não se tomam mais como exemplo a abnegação e o desprendimento, mas a riqueza e o êxito nos negócios.

Precisa-se de homens e mulheres com convicções pessoais profundas e, ao mesmo tempo, capazes de influenciar outras pessoas, pois o êxito na liderança acompanha o processo da multiplicação, e o bom líder gera outros bons líderes.

Recrutamento, incentivo e capacitação são eixos fundamentais para que o processo de liderança se consolide e os bons líderes compreendem isso.

Atividades de autoavaliação

1. Considerando a questão proposta, indique se as afirmações a seguir são verdadeiras (V) ou falsas (F):

   No que consiste o chamado pastoral?

   ( ) Apenas na obediência.
   ( ) Na dedicação e no serviço.
   ( ) Na conotação de trabalho em função de Deus e do próximo, por isso a abordagem como serviço; na Bíblia, é vocacional, e não profissional.
   ( ) Na vocação, que deve estar em primeiro lugar.

   Assinale a alternativa que corresponde à sequência correta:

   a) V, V, V, F.
   b) F, F, V, F.
   c) F, F, F, V.
   d) V, V, F, F.

2. Considerando a questão proposta, indique se as afirmações a seguir são verdadeiras (V) ou falsas (F):

   Qual foi o principal legado dos pais da Igreja?

   ( ) Grandes liberdades para a humanidade, principalmente o desapego dos bens materiais.
   ( ) As vantagens da religião.
   ( ) O sentimento de pertencer a uma instituição divina e suas reciprocidades.
   ( ) Uma vida simples e de renúncia aos valores materiais.

   Assinale a alternativa que corresponde à sequência correta:

   a) V, F, F, F.
   b) F, F, V, F.
   c) F, F, F, V.
   d) V, F, V, F.

3. Considerando a questão proposta, indique se as afirmações a seguir são verdadeiras (V) ou falsas (F):

   Qual deve ser o padrão de vida de um líder cristão?

   ( ) Precisa ter um chamado e uma vocação.
   ( ) Deve estar disposto a passar pelos enfrentamentos necessários.
   ( ) Deve superar as indecisões.
   ( ) Precisa ter rumos claros e definidos para que possa ajudar outras pessoas em suas incertezas.

   Assinale a alternativa que corresponde à sequência correta:

   a) V, V, V, F.
   b) V, F, V, F.

c) F, F, F, V.
d) F, V, F, F.

4. Considerando a questão proposta, indique se as afirmações a seguir são verdadeiras (V) ou falsas (F):

    O que faz um líder pastoral quando é competente?

    ( ) Recruta pessoas para participarem do processo e atingirem a causa que ele escolheu apoiar.
    ( ) Recruta pessoas e as incentiva a seguir outros líderes.
    ( ) Mostra que, para cada liderança pastoral competente, deve haver pessoas comprometidas com um segmento.
    ( ) Deve ser atual e mostrar distinção de valores.

    Assinale a alternativa que corresponde à sequência correta:

    a) F, F, F, V.
    b) V, V, F, F.
    c) F, V, F, F.
    d) V, F, F, F.

5. Considerando a questão proposta, indique se as afirmações a seguir são verdadeiras (V) ou falsas (F):

    Como deve acontecer o recrutamento?

    ( ) Deve ser resultado do relacionamento e do investimento na vida das pessoas.
    ( ) Deve considerar os valores da instituição.
    ( ) Deve trabalhar apenas com jovens.
    ( ) Deve investir apenas nas pessoas que estão dispostas a pagar por isso.

Assinale a alternativa que corresponde à sequência correta:

a) V, F, F, F.
b) V, F, F, V.
c) F, F, F, V.
d) V, V, V, F.

Atividades de aprendizagem

Questões para reflexão

1. Pesquise sobre pelos menos três líderes cristãos que deixaram um exemplo a ser seguido e depois compartilhe os principais ensinamentos com um grupo.

2. Com base nos ensinamentos de Jesus a respeito da liderança, identifique pelo menos três pontos importantes, segundo seu próprio ponto de vista, e compartilhe suas impressões com um grupo de estudos.

Atividade aplicada: prática

1. Marque uma entrevista com um pastor que exerce liderança há mais de 20 anos. Pergunte sobre sua experiência ministerial, sobre os principais desafios enfrentados, as vitórias e as derrotas pelas quais passou e o que aprendeu com tudo isso.

capítulo seis

Perigos a serem evitados

06

Neste capítulo, abordaremos questões importantes a respeito do caráter e das posturas pessoais dos pastores e dos líderes cristãos, levando em conta que os que exercem o ministério cristão devem dispor de um programa de prevenção pessoal, para evitar cair em alguns erros que são pertinentes àqueles que exercem essa tarefa.

O pastor cristão comprova sua liderança por meio do exemplo. No contexto da primeira carta de Pedro, podemos citar algumas questões que podem tornar-se um grande problema para os pastores que estão lidando com pessoas na miséria e no sofrimento. Geralmente o pastor está em uma posição mais confortável, o que talvez não fosse o caso dos líderes citados na primeira epístola de Pedro, e corromper-se pode ser um grande risco, em virtude do fato de estar em uma posição mais confortável que seus liderados.

Por esse motivo, examinaremos alguns pontos críticos para o pastor cristão, para que sirvam como prevenção em determinados casos.

> *O ministro é apenas um homem, sujeito às mesmas paixões e tentações que todos os homens devem enfrentar e vencer. Sob a inspiração do Espírito Santo, após longos anos de experiência e observação, Pedro inclui advertências. Das inúmeras armadilhas possíveis ele selecionou somente duas tentações que derrubam tantas vítimas hoje quanto na igreja primitiva.* (Shedd, 1993, p. 92)

Alguns pastores esquecem sua humanidade e encantam-se com o poder de tal forma que ignoram suas fraquezas e ficam expostos aos mais diversos tipos de tentações. Um famoso líder cristão, ao ser flagrado em terrível vergonha, afirmou: "Esqueci-me de que sou humano". Alguns acham que têm vocação para a divindade, gostam da áurea sensação que se destaca sobre a cabeça dos grandes líderes, mas se esquecem de que precisam trabalhar essas questões interiormente para não se deixarem levar pela glória desta vida.

Quando o indivíduo se destaca dos demais, expõe-se mais, acredita que o poder gera liberdade para cometer erros, mas não percebe que esse mesmo poder ilude tanto que faz imaginar que ninguém descobrirá o que de errado aconteceu, que o tempo passará e apagará qualquer vestígio. Ledo engano. O tempo complica cada vez mais determinadas situações, atrapalha, machuca as pessoas e pode-se tornar o grande trunfo do maligno, pois nos tornamos escravos de nossos erros e complicamos nossa própria vida e a de outros que nos cercam.

Shedd, ao estudar a epístola de Pedro, resumiu com muita propriedade os pontos que Pedro destacou como os grandes perigos para a liderança cristã:

> *O homem que fala em nome de Deus deve evitar a tentação da ganância (*aischrokerdōs, *"dinheiro ganho vergonhosamente"). A liderança da igreja frequentemente enseja o lucro questionável, não porque o Pastor não devesse receber uma remuneração justa por seu trabalho (I Cor 9: 7-11 e Tm 5: 17), mas porque deve rejeitar com determinação o amor pelo dinheiro. Melhor ser um obreiro sobrecarregado de trabalho do que ser acusado de pregar para obter lucro (II Cor 2: 17; 12: 13-15).*
(Shedd, 1993, p. 93)

O dinheiro exerce certo fascínio para o líder, o poder de possuir coisas sem ter de prestar contas, o desejo de mostrar que tem poder para destacar-se dos demais. É comum que líderes autoritários apresentem símbolos de poder mundano, como carros importados, casas suntuosas, objetos de ouro. Certa vez, um jogador de futebol, para apresentar seu amor pelas coisas materiais, disse que "usava um apartamento no pulso": um relógio no valor de 60 mil dólares. Alguns líderes desenvolvem uma vida de sofisticação, com o objetivo de provar para outros que seu poder está relacionado aos bens que possuem.

Cabe aos líderes, como afirma Padilha (1992), desenvolver um estilo de vida simples, seguir o exemplo de Jesus: "As raposas têm seus covis, e as aves do céu, ninhos; mas o Filho do Homem não tem onde reclinar a cabeça" (Bíblia. Mateus, 2013, 8: 20).

O pastor cristão deve repudiar o dinheiro, que deve ser usado apenas para manter-se, ajudar os outros, sustentar a família e glorificar a Deus – o que passar disso se torna comprometido e segue o espírito deste mundo cujo deus está muito mais relacionado ao dinheiro.

O líder precisa posicionar-se seriamente contra a ganância, não ter mais do que precisa, desenvolver um estilo de vida que vise ajudar, aos pobres e necessitados. Deve ser perceptível a disposição para ajudar, e uma das marcas de sua personalidade deve ser a dádiva.

Há situações em que os pastores correm o risco de desenvolve a ganância; uma delas é quando mexem com grande quantidade de dinheiro. Devem entender que o dinheiro não pertence a eles e também sempre se lembrar das pessoas que ajudaram a formar a quantia. Muitos daqueles que contribuem são pobres que deram suas economias e acreditam que o dinheiro será utilizado para uma boa causa. Quando o sistema de prestação de contas não é claro, é preciso criar sistemas e recrutar pessoas que periodicamente apresentem relatórios. Nunca se deve mexer com quantias de dinheiro sem prestar contas do que está sendo feito.

O uso abusivo do poder também é um grande risco enfrentado pelos pastores, destacado pelo apóstolo Pedro:

> Os pastores devem tomar o cuidado de evitar o abuso de poder: "...nem como dominadores, dos que vos foram confiados". Muitos cristãos elevam os pastores a um alto pedestal. Alguns chegam até a adorar os homens que Deus tem usado poderosamente para transformar vidas. A adulação indevida encoraja o líder a manipular os membros da igreja, abusando de sua autoridade. Tais pastores são como os "falsos apóstolos" que perturbavam a igreja de Corinto (II Cor 11: 13). Jesus advertiu seus discípulos quanto a tentação universal de "reinar" (Luc 22: 25). A famosa maneira pela qual os governantes romanos intimidavam e forçavam os subordinados a submeter-se a exigências opressivas era um mau exemplo. (Shedd, 1993, p. 93)

O poder encanta, é doce, fascina, desequilibra, faz que o homem perca seu referencial de vida e esqueça que, na verdade, é dependente de Deus.

A religião é um berço ou uma grande fonte de líderes autoritários, muitos dos quais não foram bem-sucedidos em diversas atividades e, ao chegarem ao evangelho ou a outras religiões, encantam com seu carisma "vazio e sem sentido". São pessoas de personalidade fraca e com desequilíbrios existenciais, voltados para as coisas místicas, que acabam por transferir suas dificuldades para indivíduos que não têm nada de honesto, sério, ético ou compromissado com Deus.

Pessoas desse tipo geralmente terminam em grandes seitas, que em determinados casos levam à morte. Muitos seres humanos iludidos e fracos esquecem que a solução para seus problemas está na pessoa de Jesus, que nunca se deixou levar ou encantar pelo poder deste mundo, ou até mesmo pelas ofertas de satanás, no que diz respeito a um poder ilusório e passageiro que muitas vezes encanta e engana.

Todos estão sujeitos ao erro, e deixar que ele aconteça depende muito da forma como encaramos a situação e também da disposição que temos para sermos ajudados a fim de nos recuperarmos dos problemas. Devemos admitir que sozinhos não conseguimos vencer, carecemos de ajuda honesta, competente, amiga e sábia de alguém indicado por Deus para nos apoiar. Haggai (1990, p. 181, 183-195) coloca com muita propriedade algumas questões que devem ser levadas em conta acerca desse assunto:

> Todo revés traz dentro de si a semente de um avanço equivalente. Cabe a nós apenas procurá-lo [...]. [...] precisamos aprender a encarar os enganos, a aguentar os erros e a tirar proveito deles. Primeiro admitamos o erro no momento em que tivermos conhecimento dele. Não podemos corrigir uma situação se não reconhecermos que ela existe. [...] Segundo, assumamos a responsabilidade pelo erro. [...] poucas pessoas assumem a responsabilidade por qualquer coisa que não foi bem-sucedida. [...] a maioria [diz:] "Não fui eu." [...] Cometer erros não é o fim do mundo. Ninguém está livre deles. [...] Terceiro, avaliar os prejuízos. [Às vezes ficamos] perturbados por causa de um erro que não trouxe grandes consequências, mas por outro lado não devemos deixar de avaliar os prejuízos. [...] Quarto, fazer um estudo em profundidade das possíveis

causas do erro. Os erros geralmente resultam de [falta de planejamento,] falha de julgamento, [...] informação insuficiente, consolidação deficiente. [...] Quinto, eliminar imediatamente as causas geradoras do erro. [...] Preparemos um plano por escrito e o encaixemos em nosso programa de metas [de acordo com o previsto]. [...] Sexto, recuperar o que for possível. [...] Sétimo, rever nosso "modus operandi" de modo que o erro não se repita. [...] Sob a direção de Deus, o líder deve cultivar o hábito de, criativamente, converter os obstáculos em oportunidades. Essa prática dará realce à sua liderança, inspirando aqueles que o seguem.

Nenhum pastor ou líder cristão está imune ao erro, todo ser humano tem forças e fraquezas, e os líderes religiosos devem estar conscientes de que estão expostos a uma série de pressões no cotidiano do trabalho. O líder deve dispor de um programa de defesa, caso esteja passando por algum problema; deve ter alguém de confiança para compartilhar seus dilemas, pois é a partir da superação das dificuldades que o caráter de um líder cristão é aperfeiçoado.

6.1 Os líderes precisam ser capacitados

Alguns passos podem ser dados no sentido de aprimorar e capacitar líderes para que sejam fortes e eficientes na propagação do evangelho.

Podemos considerar a reflexão como primeiro aspecto. É preciso estudar teologia, aprender a desenvolver teologia, pensar como Deus pensa, desenvolver e praticar uma hermenêutica que auxilie o indivíduo em todas as dificuldades. Devem ser desenvolvidos programas que abordem questões teológicas, reuniões informais que tirem o peso do compromisso acadêmico, mas abram o coração e a mente para a teologia em busca de alternativas divinas que alcancem o homem em suas necessidades básicas.

O fator hermenêutico não pode ser negligenciado. É necessário estudar a Bíblia pela perspectiva do ciclo hermenêutico, analisar o que ela diz com base nas necessidades da Igreja, refletir e considerar a atual situação da Igreja e apresentar alternativas que sejam coerentes com o plano e o propósito de Deus.

Ao analisarmos a história, podemos perceber que temos cometido erros e por isso temos muitas coisas para aprender com os acontecimentos passados. Os pais da Igreja têm muito a nos ensinar por meio de suas reflexões carregadas de filosofia, alguns com forte ênfase no pietismo e na vida consagrada a Deus. Pensando ainda no ciclo hermenêutico, não podemos nos esquecer da sociedade, de qual tem sido a contribuição para a sociedade, como a Igreja pode fazer a diferença na sociedade e, ao mesmo tempo, contribuir com a mensagem do reino de Deus.

Sem esquecer o homem, o objeto maior do amor de Deus, tudo tem sido desenvolvido para Ele. Deus tem enviado Seu Filho Jesus para que todo aquele que Nele crer não pereça e tenha a vida eterna. Quando pensarmos nas propostas bíblicas, nunca devemos esquecer o que a Bíblia diz sobre nossas responsabilidades humanas diante do grande amor de Deus.

Outro aspecto que deve fazer parte da proposta é a ação. Precisamos dar passos sólidos, coerentes e práticos no sentido de capacitar líderes e criar oportunidades para que eles possam desenvolver seus dons e suas habilidades e desempenhar o ministério que Deus tem para cada um.

No continente latino, ou em qualquer outra parte do mundo, devemos pensar em alguns passos decisivos. Primeiro, o pastor deve surgir da igreja local, do meio do povo, tendo apoio e liderança reconhecidos pelo exemplo e pela dedicação para o Senhor.

Após passar por esse processo, que muitas vezes serve como um filtro, a pessoa deve ser treinada em diferentes níveis, dependendo das abrangências de seu ministério. Se for obreiro da igreja local, deve aperfeiçoar a convivência e o acompanhamento; se for teólogo, deve ser enviado para uma boa escola bíblica, a fim de conseguir conciliar os princípios de Deus como uma proposta acadêmica sólida e fundamentada nas Escrituras.

O segundo passo, após o treinamento em diferentes níveis, são o envio e as alternativas de trabalho. Devem ser formados líderes capacitados e conhecedores do plano de Deus para as nações, sabendo de suas limitações e entendendo o plano de Deus para a humanidade.

Para finalizar, devemos refletir sobre esse grande e amigo povo latino que muito tem sofrido desde suas origens, mas, apesar disso, pode trazer grande contribuição para o mundo moderno e para o futuro. Dessas terras remotas e alegres surgirão homens e mulheres comprometidos com Deus, que assumirão o compromisso de largar tudo o que têm para proclamarem a outros dessa região e até de outros rincões que Jesus Cristo é o Senhor. Dessas terras irradiadas pelo sol na maior parte dos dias do ano sairão líderes contagiados pelo amor de Deus, que transmitirão esse grande amor por onde quer que passem.

O sofrimento do povo tem se transformado em poesia e bela música que nos encanta e nos faz valorizar ainda mais esses lugares que tanto amamos. Deus, em sua infinita graça, favoreceu-nos com muita alegria e cores que são expressas pelos habitantes dessa região que irradia alegria, bondade e belezas criadas por Ele.

Ser pastor é uma grande graça concedida por Deus, responsabilidade que vem carregada de muita cobrança pessoal e também de outras pessoas (aqueles que trabalham conosco), por isso um líder não pode de forma nenhuma se deixar levar pelas ilusões da liderança. Muitos são aqueles que se iludem com cargos de destaques que às vezes a função concede, por isso cabe ao líder cristão conservar a humildade, seguir o exemplo de Jesus, adotar como filosofia a máxima de João Batista: "Convém que Ele cresça e que eu diminua"; o grande destaque na nossa liderança deve ser a pessoa de Cristo.

Ser pastor é uma oportunidade para servir a Jesus e ao nosso próximo. A posição ou cargo não torna o líder melhor do que outros nem lhe outorga poderes para quebrar os mandamentos do Senhor nosso Deus; não está imune de praticar o que é errado nem de desenvolver um estilo de vida que seja contrário aos ensinamentos de Jesus.

Síntese

Para que o trabalho pastoral e o exercício da liderança cristã sejam exercidos, não é possível desconectar as ações do indivíduo daquelas referentes ao cargo que exerce. Suas palavras devem ser baseadas em suas ações, e o discurso deve ser pautado em um comportamento exemplar.

A fala do pastor é base para que o ministério seja exercido com credibilidade; o uso do dinheiro deve ser exemplar, assim como a maneira como se relaciona com o poder, não usando cargos ou títulos para tomar vantagens sobre os demais.

A religião não deve ser ambiente para indivíduos autoritários, pois a capacitação para o exercício da liderança é complexa e ampla e deve ser exercida com excelência.

Atividades de autoavaliação

1. Considerando a questão proposta, indique se as afirmações a seguir são verdadeiras (V) ou falsas (F):

    Como o pastor comprova sua liderança?

    ( ) Pelo empenho na realização dos projetos.
    ( ) Pelo trabalho que realiza.
    ( ) Pelo bom exemplo que dá.
    ( ) Por meio da aparência.

    Assinale a alternativa que corresponde à sequência correta:

    a) F, F, V, F.
    b) V, V, F, F.
    c) V, F, V, F.
    d) F, F, F, V.

2. Considerando a questão proposta, indique se as afirmações a seguir são verdadeiras (V) ou falsas (F):

    Como o pastor deve tratar a própria humanidade?

    ( ) Alguns pastores esquecem a própria humanidade e encantam-se com o poder de tal forma que esquecem também suas fraquezas.
    ( ) Alguns pastores enfrentam suas fraquezas por meio do trabalho intenso e com dedicação.
    ( ) Alguns pastores se dedicam a atividades apenas humanitárias.
    ( ) Alguns pastores acreditam que têm poderes sobrenaturais e, por isso, fazem um bom programa humanitário.

Assinale a alternativa que corresponde à sequência correta:

a) F, V, F, V.
b) V, F, F, F.
c) F, F, V, V.
d) V, F, F, V.

3. Considerando a questão proposta, indique se as afirmações a seguir são verdadeiras (V) ou falsas (F):

Como alguns líderes têm tratado o ambiente da religião?

( ) A religião tem sido um espaço de crescimento para atividades apenas sociais.
( ) Algumas pessoas fazem da religião uma atividade em que não são considerados os conceitos da religião.
( ) A religião, manuseada de forma atual e autêntica, gera indivíduos poderosos.
( ) A religião é um berço ou uma grande fonte de líderes autoritários, muitos dos quais não foram bem-sucedidos em diversas atividades e, ao chegarem ao evangelho ou a outras religiões, encantam-se com seu carisma.

Assinale a alternativa que corresponde à sequência correta:

a) F, V, F, F.
b) V, V, F, F.
c) V, F, V, F.
d) V, F, V, V.

4. Considerando a questão proposta, indique se as afirmações a seguir são verdadeiras (V) ou falsas (F):

   Como devemos reagir diante do erro?

   ( ) Deve-se admitir que de forma individual não se consegue vencer; deve-se buscar ajuda honesta de alguém sábio e que tenha orientação de Deus.
   ( ) Deve-se admitir de forma individual que o erro depende da forma como foi praticado.
   ( ) Com ajuda honesta, o erro pode ser uma prática constante.
   ( ) Usando alternativas corretas, dedicando-se ao trabalho, o erro deve ser levado em conta.

   Assinale a alternativa que corresponde à sequência correta:

   a) F, V, F, V.
   b) F, F, V, F.
   c) V, F, F, F.
   d) V, V, V, F.

5. Considerando a questão proposta, indique se as afirmações a seguir são verdadeiras (V) ou falsas (F):

   Quais são os passos necessários para capacitar líderes?

   ( ) Estudar teologia e desenvolver teologia e discussões teológicas que inspirem o pensamento acadêmico.
   ( ) Estudar teologia e desenvolver aptidões e muito trabalho.
   ( ) Estudar teologia, desenvolver tarefas e cuidar do trabalho.
   ( ) Estudar teologia e desenvolver os estudos técnicos relacionados à vida.

Assinale a alternativa que corresponde à sequência correta:

a) V, F, F, F.
b) F, V, V, F.
c) V, V, F, F.
d) V, F, F, V.

Atividades de aprendizagem

Questões para reflexão

1. Levando em consideração seu exemplo pessoal, em seu modo de ver, como se desenvolve um ministério pastoral exemplar? Compartilhe com um grupo suas conclusões.

2. Quais são os passos necessários para capacitar líderes que estão atuando hoje? Reflita, pesquise a respeito e compartilhe informações com um grupo.

Atividade aplicada: prática

1. Participe de um programa de treinamento intensivo para a liderança cristã, como congressos, retiros ou simpósios.

considerações finais

Ser pastor é ser um representante de Jesus na Terra, e essa representação deve levar em conta alguns princípios:

- O pastor deve ser exemplo nas ações, sendo o ministério cristão baseado nas ações de Jesus, que estava interessado no bem do povo, como disse certa vez: "São como ovelhas que não têm pastor" (Bíblia. Mateus, 2013, 9: 36): precisam de cuidado e de proteção.
- O pastor deve ir aonde o povo está. Cabe ao representante de Jesus dirigir-se ao povo, atendê-lo de acordo com as necessidades que demonstrar. O pastor deve ter "cheiro de ovelhas", para que elas o conheçam e saibam distinguir sua voz.
- O pastor deve ouvir o gemido daqueles que sofrem, daqueles que são privados da liberdade e daqueles que não sabem expressar seus direitos.

- As ações pastorais devem trazer esperança e motivação para o povo, a mensagem deve ser alegre e espontânea para contagiar o desiludido e o desamparado.
- As ações pastorais devem ser objetivas e contundentes, cabendo ao pastor exercer atividades que atendam às necessidades do povo. Em outras palavras, as ações pastorais devem ser mais comunitárias do que litúrgicas, e cabe ao pastor organizar a liturgia, direcionando suas ações para servir à comunidade.
- O pastor precisa se identificar com o povo latino, nas alegrias e nas dores, na fome, na tristeza e na motivação para o povo, seguindo sua caminhada de conquistas.
- Na caminhada de pastor, existem perigos que devem ser evitados, desenvolvendo-se um programa de vitória e sucesso nas tarefas pastorais.

Para finalizar, cabe ao pastor andar como Jesus andou, pregar como Jesus pregou, amar como Jesus amou; porque é o representante de Jesus na Terra.

referências

ALVES, R. **Protestantismo e repressão**. São Paulo: Ática, 1979. (Ensaios, v. 55).

AMORESE, R. **Icabode**: da mente de Cristo à consciência moderna. Viçosa: Ultimato, 1998.

ANSART, P. **Ideologias, conflitos e poder**. Rio de Janeiro: Zahar, 1978.

ANTONIAZZI, A. Para um programa de pastoral urbana. In: ANTONIAZZI, A.; CALIMAN, C. (Org.). **A presença da Igreja na cidade**. Rio de Janeiro: Vozes, 1994. p. 90-95. (Coleção Igreja).

ARAGÃO, H. M. **De volta às raízes**. Curitiba: Esperança, 1999.

AZZI, R. **A cristandade colonial**: um projeto autoritário. São Paulo: Paulinas, 1987. (História do Pensamento Católico no Brasil, v. 1).

BACKUS, W.; CHAPIAN, M. **Fale a verdade consigo mesmo**. Belo Horizonte: Betânia, 1989.

BARBÉ, D. **A graça e o poder**: as comunidades eclesiais de base no Brasil. São Paulo: Paulinas, 1983.

BARBOSA, M. L. V. **América Latina**: em busca do paraíso perdido. 1. ed. São Paulo: Saraiva, 1995.

BENKÖ, A. **Psicologia da religião**. São Paulo: Edições Loyola, 1981.

BERGER, P. L. **O dossel sagrado**: elementos para uma teoria sociológica da religião. São Paulo: Paulinas, 1985. (Sociologia e Religiões).

BEZERRA, C. M. **Conversas sobre a Igreja**. Curitiba: Bezerras, 2009.

BÍBLIA. Português. Tradução de Almeida Revista e Atualizada. 1956. São Paulo: Sociedade Bíblica do Brasil, 2013.

BLAUW, J. **A natureza missionária da Igreja**. São Paulo: Aste, 1966.

BOBSIN, O (Org.). **Desafios urbanos à Igreja**: estudos de caso. São Leopoldo: Sinodal, 1995.

BOFF, C. Teologia do poder (teses). In: ARROCHELLAS, M. H. **A Igreja e o exercício do poder**. Rio de Janeiro: Instituto de Estudos da Religião, 1992. p. 42-52. Disponível em: <http://www.centroestudosanglicanos.com.br/rev/4/teologia_poder_clodovis.pdf>. Acesso em: 2 jul. 2015.

____. **Teoria do método teológico**: versão didática. 3. ed. Petrópolis: Vozes. 1999. (Série I, Experiência de Deus e Justiça).

BOFF, L.; BOFF, C. **Como fazer teologia da libertação**. 2. ed. Petrópolis: Vozes/Base, 1986. (Coleção Fazer).

BOFF, L. **Do lugar do pobre**. 2. ed. Petrópolis: Vozes, 1984.

____. **Igreja**: carisma e poder. Ensaios de eclesiologia militante. São Paulo: Ática, 1994.

____. **Jesus Cristo libertador**. 10. ed. São Paulo: Vozes, 1985.

____. **O caminhar da Igreja com os oprimidos**: do Vale de Lágrimas rumo à Terra Prometida. 3. ed. Petrópolis: Vozes, 1998.

____. **São Francisco de Assis**: ternura e vigor. 6. ed. Petrópolis: Vozes, 1996.

____. **Teologia do cativeiro e da libertação**. 4. ed. Petrópolis: Vozes, 1985.

BOICE, J. M. et al. **Religião de poder**: a Igreja sem fidelidade bíblica e sem credibilidade no mundo. São Paulo: Cultura Cristã, 1998.

BOUDON, R. **A ideologia**. São Paulo: Ática, 1989. (Fundamentos, v. 45).

BOURDIEU, P. **A economia das trocas simbólicas**. São Paulo: Perspectiva, 1987. (Estudos).

BURT, R. S. **Structural Holes**. Chicago: University of Chicago Press, 1992.

CALIMAN, C. (Org.). **A sedução do sagrado**: o fenômeno religioso na virada do milênio. Petrópolis: Vozes. 1998.

CAMPOS, B. A Reforma radical. In: ____. **Da reforma protestante à pentecostalidade da Igreja**: debate sobre o pentecostalismo na América Latina. São Leopoldo: Sinodal; Quito: Clai Ediciones, 2002. p. 21-30.

CANNAC, Y. **O justo poder**. Rio de Janeiro: Instituto Liberal, 1989.

CANETTI, E. **Massa e poder**. São Paulo: Companhia das Letras, 1995.

CARRIKER, T. **Missão integral**: uma teologia bíblica. São Paulo: Sepal, 1992.

CARSON, D. A.; MOO, D. J.;MORRIS, L. **Introdução ao Novo Testamento**. São Paulo: Vida Nova, 1997.

CASTRO, C. P. de. **A cidade é a minha paróquia**. São Bernardo do Campo: Editeo; Rio de Janeiro: Exodus, 1996.

CAVALCANTI, R. **A utopia possível**: em busca de um cristianismo integral. 2. ed. Viçosa: Ultimato, 1997.

____. **E o Verbo habitou entre nós**. Curitiba: Encontrão, 1996.

____. **No princípio era o Verbo**. Curitiba: Encontrão, 1986.

CHAZEL, F. **Tratado de sociologia**. Rio de Janeiro: J. Zahar, 1996.

COBRA PAGES Q. **Filosofia moderna**: resumos biográficos. Disponível em: <http://www.cobra.pages.nom.br/filmod.html>. Acesso em: 30 set. 2015.

COLEMAN, W. L. **Manual dos tempos e costumes bíblicos**. Belo Horizonte: Betânia, 1991.

COLSON, C. W. **A ilusão do poder**. Tradução de Wadislau M. Gomes. São Paulo: Cultura Cristã, 1998.

____. **O coração pastoral**. Belo Horizonte: Betânia, 1985.

COMBLIN, J. **Cristãos rumo ao século XXI**. São Paulo: Paulus, 1996.

CORTEN, A. **Os pobres e o Espírito Santo**: o pentecostalismo no Brasil. Petrópolis: Vozes, 1996.

COSTA, J. F. Campeonato de irrelevâncias. **Folha de S. Paulo**, 17 jun. 2001. Disponível em: <http://www1.folha.uol.com.br/fsp/mais/fs1706200105.htm>. Acesso em: 2 jul. 2015.

COSTAS, O. E. **El protestantismo en America Latina hoy**. Ensayos del camino (1972-1974). San José: Publicaciones Indef, 1975.

____. **Compromiso y misión**. San José: Editorial Caribe, 1979.

CUTLER, A. et al. **O capital de Marx e o capitalismo de hoje**. Rio de Janeiro: Zahar, 1981.

DE MASI, D. **A sociedade pós-industrial**. São Paulo: Ed. do Senac, 2000.

DURKHEIM, E. **As regras do método sociológico**. São Paulo: M. Fontes, 1985.

DUSSEL, E. D. **Caminhos de libertação latino-americana**. São Paulo: Paulinas, 1984. Tomo I.

ENGSTROM, T. W. **The Making of a Christian Leader**. Atlanta: Zondervan, 1976.

ESCOBAR, S. **Desafios da Igreja na América Latina**: história, estratégia e teologia das missões. Viçosa: Ultimato, 1997.

____. **O Verbo habitou entre nós**. Curitiba: Encontrão, 1986.

FAORO, R. **Os donos do poder**: formação do patronato político brasileiro. Porto Alegre: Globo; São Paulo: EdUSP, 1975.

FERNÁNDEZ, J. C. (Org.). **A presença da Igreja na cidade**: novos desafios, novas abordagens. Nova Petrópolis: Vozes, 1997. v. II.

FLEXA, R. N. A. e. **Pátria distante**: Falta de perspectiva leva pelo menos 2 milhões de brasileiros a tentar a sorte em outras terras. 1º nov. 1999. Disponível em: <http://www.sescsp.org.br/online/artigo/compartilhar/493_PATRIA+DISTANTE>. Acesso em: 4 dez. 2015.

FREITAG, B.; ROUANET, S. P. (Org.); FERNANDES, F. (Coord.). **Habermas**. São Paulo: Ática, 1980. (Coleção Grandes Cientistas Sociais).

FOUCAULT, M. O sujeito e o poder. In: RABINOW, P.; DREYFUS, H. **Michel Foucault**: uma trajetória filosófica – para além do estruturalismo e da hermenêutica. Tradução de Vera Porto Carrero. Rio de Janeiro: Forense Universitária, 1995. Disponível em: <http://www.uesb.br/eventos/pensarcomfoucault/leituras/o-sujeito-e-o-poder.pdf>. Acesso em: 2 jul. 2015.

FORD, L. **Jesus**: o maior revolucionário. 2. ed. Niterói: Vinde Comunicações, 1994.

FOSTER, R. J. **Celebração da disciplina**: o caminho do crescimento espiritual. São Paulo: Vida, 1999.

____. **Dinheiro, sexo e poder**: o desafio da disciplina cristã. São Paulo: Mundo Cristão, 1985.

GALEANO, E. **As veias abertas da América Latina**. 21. ed. Rio de Janeiro: Paz e Terra, 1985.

GNILKA, J. **Jesus de Nazaré**: mensagem e história. Petrópolis: Vozes, 2000.

GONDIN, R. **O Verbo habitou entre nós**. Curitiba: Encontrão, 1986.

GONZÁLEZ, A. A luta contra a pobreza perde fôlego na América latina. **El País**, Madri, 31 ene. 2015. Disponível em: <http://brasil.elpais.com/brasil/2015/01/30/internacional/1422643328_842941.html>. Acesso em: 2 jul. 2015.

GOUVÊA, R. Q. A morte e a morte da modernidade: quão pós-moderno é o pós-modernismo? **Fides Reformata**, São Paulo, v. 1, n. 2, 1996. Disponível em: <http://www.mackenzie.br/fileadmin/Mantenedora/CPAJ/revista/VOLUME_I_1996_2/a_morte....pdf>. Acesso em: 30 set. 2015.

GREY, S. Mulheres nas sombras. **Seleções Reader's Digest**, Rio de Janeiro, mar. 2000.

GUTIÉRREZ, B. F.; CAMPOS, L. S. **Na força do espírito**: os pentecostais na América Latina – um desafio às Igrejas históricas. São Paulo: Associação Literária Pendão Real, 1996.

GUTIÉRREZ, G. **Teologia da libertação**: perspectivas. 3. ed. Petrópolis: Vozes, 1979.

HABERMAS, J. **Teoría de la acción comunicativa**: racionalidad de la acción y racionalización social. Madrid: Taurus, 1987.

HAGGAI, J. **Seja um líder de verdade**. Belo Horizonte: Betânia, 1990.

HESSELBEIN, F.; GOLDSMITH, M.; BECKHARD, R. **O líder do futuro**. São Paulo: Berkeley Brasil, 1996.

HOBSBAWM, E. **A era dos extremos**: o breve século XX. 2. ed. São Paulo: Companhia das Letras, 1995.

HORTON, M. **Religião do poder**. Tradução de Wadislau Martins Gomes. Cambuci: Cultura Cristã, 1998.

HUNT, D. **Escapando da sedução**: retorno ao cristianismo bíblico. Porto Alegre: Obra Missionária Chamada da Meia-Noite, 1994.

HUNT, D.; MCMAHON, T. A. **A sedução do cristianismo**: discernimento espiritual nos últimos dias. Porto Alegre: Obra Missionária Chamada da Meia-Noite, 1995.

IHU – Instituto Humanitas Unisinos. **Gustavo Gutiérrez, o pai da teologia da libertação**. 4 abr. 2012. Disponível em: <http://www.ihu.unisinos.br/noticias/508171-gustavo-gutierrez-o-pai-da-teologia-da-libertacao>. Acesso em: 10 dez. 2015.

KAPLAN, A.; LASSWELL, H. **Poder e sociedade**. Brasília: Ed. da UnB, 1979.

KATCHATUROV, K. A. **A expansão ideológica dos EUA na América Latina**: doutrinas, formas e métodos da propaganda dos EUA. Rio de Janeiro: Civilização Brasileira, 1980.

LIMA, D. Maior parte da renda no Brasil está concentrada nos municípios mais ricos, diz Ipea. **Agência Brasil**, Brasília, 12 ago. 2010. Disponível em: <http://memoria.ebc.com.br/agenciabrasil/noticia/2010-08-12/maior-parte-da-renda-no-brasil-esta-concentrada-nos-municipios-mais-ricos-diz-ipea>. Acesso em: 8 abr. 2016.

LUIS SEGUNDO, J. **O homem de hoje diante de Jesus de Nazaré**: fé e ideologia. São Paulo: Paulinas, 1985. v. 1.

MACDONALD, G. **Segredos do coração do homem**. Belo Horizonte: Betânia, 1999.

MAQUIAVEL, N. **O príncipe**. Rio de Janeiro: Civilização Brasileira, 1976.

MACKAY, J. A. **El otro Cristo español**. México: Casa Unida de Publicaciones; Argentina: La Aurora; Guatemala: Ediciones Semilla, 1991.

MAIRA, L. et al. **América Latina**: novas estratégias de dominação. São Paulo: Vozes, 1980.

MARTÍNEZ, P. **Ser evangélico hoy**: la influencia del mundo en la Iglesia. Madrid: [s.n.], 1982.

MENDONÇA, R. O paradoxo da miséria. **Veja**, São Paulo, ed. 1735, ano 35, n. 3, p. 82-93, 23 jan. 2002.

MORAES, E. J. de; BIGNOTTO, N. (Org.). **Hannah Arendt**: diálogos, reflexões, memórias. Belo Horizonte: Ed. da UFMG, 2001. (Humanitas, v. 62).

NOGUEIRA, A. **Poder e humanismo**. Porto Alegre: Sergio Antonio Fabris Editor, 1989.

NÚÑEZ, L. M. **Sociología del poder**. 2. ed. México: Instituto de Invetigaciones Sociales, 1976.

O'DEA, T. F. **Sociologia da religião**. São Paulo: Pioneira, 1969. (Biblioteca Pioneira de Ciências Sociais).

PACKER, J. I.; TENNEY, M. C.; WHITE JUNIOR, W. et al. **O mundo do Novo Testamento**. São Paulo: Vida, 1988.

PADILLA, R. **Missão integral**: ensaios sobre o Reino e a Igreja. São Paulo: Temática Publicações, 1992.

PAPE, G. **A missão a partir da América Latina**. São Paulo: Paulinas, 1983.

PAUPÉRIO, A. M. **Teoria democrática da soberania**. 3. ed. rev. Rio de Janeiro: Forense Universitária, 1997. (Teoria Democrática do Poder, v. 2)

PIERUCCI, A. F. Religião. **Folha de S. Paulo**, 31 dez. 2000. Disponível em: <http://www1.folha.uol.com.br/fsp/mais/fs3112200019.htm>. Acesso em: 5 dez. 2015.

PNUD – Programa das Nações Unidas para o Desenvolvimento. **O Índice de Desenvolvimento Humano do Relatório de 2013 revela ganhos significativos desde 2000 na maioria dos países do Sul**. 14 mar. 2013. Disponível em: <http://www.pnud.org.br/Noticia.aspx?id=3703>. Acesso em: 10 dez. 2015.

POKROVSKI, V. S. (Dir.). **História das ideologias**: as ideologias contemporâneas. Lisboa: Editorial Estampa, 1972. (História das Ideologias, v. 4).

PREISWERK, M. **Educação popular e teologia da libertação**. São Paulo: Vozes, 1998.

RECTOR, M.; NEIVA, E. (Org.). **Comunicação na era pós-moderna**. São Paulo: Vozes, 1997.

REDDIN, O. **Confronto de poderes**. São Paulo: Vida, 1996.

ROCHA, E. **A sociedade do sonho**: comunicação, cultura e consumo. 5. ed. rev. e ampl. Rio de Janeiro: Mauad, 2012.

RODRIGUES, G. R. O evangelho do poder. In: STEUERNAGEL, V. R. (Org.). **No princípio era o Verbo**: todo o evangelho. Curitiba: Encontrão, 1994. p. 129-150.

ROGERS, J. D. **Ideologia e conhecimento da realidade sócio-econômica-política**. São Paulo: Ática, 1997.

ROMÃO, J. E. **Poder local e educação**. São Paulo: Cortez, 1992.

ROSA, M. I. **Trabalho, subjetividade e poder**. São Paulo: EdUSP, 1994.

SANTA ANA, J. **Pelas trilhas do mundo, a caminho do reino**. São Bernardo do Campo: Imprensa Metodista, 1985. Disponível em: <http://www.metodistavilaisabel.org.br/docs/Pelas-Trilhas-do-Mundo-a-caminho-do-Reino.pdf>. Acesso em: 30 set. 2015.

SARACCO, N. J. Deus nos tem dado espírito e poder. In: STEUERNAGEL, V. R. (Org.). **No princípio era o Verbo**: todo o evangelho. Curitiba: Encontrão, 1994. p. 119-128.

SCHNEIDER-HARPPRECHT, C.; ZWETSCH, R. E. (Org.). **Teologia prática no contexto da América Latina**. São Leopoldo: Sinodal, 1998.

SHARP, G. **Poder, luta e defesa**: teoria e prática da ação não-violenta. São Paulo: Paulinas, 1983. (Coleção Pesquisa & Projeto, v. 6)

SHEDD, R. P. **A felicidade segundo Jesus**: reflexões sobre as bem-aventuranças. São Paulo: Vida Nova, 1998.

____. **Nos passos de Jesus**: uma exposição de S. Pedro. São Paulo: Vida Nova, 1993.

SIQUEIRA, R. dos S. **Da ritualização da sociedade ao fetiche consumogônico**. Disponível em: <odialetico.xpg.uol.com.br/filosofia/ritualizacao.htm>. Acesso em: 9 nov. 2015.

SOTELO, I. **Sociologia da América Latina**. Rio de Janeiro: Pallas, 1975.

SOUZA NETTO, J. L. de. **Razão, religião e estrutura de poder**. Curitiba: Juruá, 1999.

SOUZA, R. B. de. **Janelas para vida**: a espiritualidade do cotidiano. Curitiba: Encontrão, 1999.

STEUERNAGEL, V. R. (Org.). **A missão da Igreja**. Belo Horizonte: Missão, 1994.

____. **E o Verbo habitou entre nós**. Curitiba: Encontrão, 1996.

____. **E o Verbo se fez carne**: desde a América Latina. Curitiba: Encontrão, 1995.

____. **No princípio era o Verbo**: todo o evangelho. Curitiba: Encontrão, 1986.

STEUERNAGEL, V. R. **Obediência missionária e prática histórica**: em busca de modelos. São Paulo: ABU, 1993.

STOTT, J. (Dir.). **Evangelização e responsabilidade social**. São Paulo; Belo Horizonte: ABU; Visão Mundial, 1985.

____. **O cristão em uma sociedade não cristã**. Tradução de Sileda Steuernagel. Niterói: Vinde Comunicações, 1989.

SWINDOLL, C. **Firme seus valores**: o patrimônio interior do cristão neste mundo em crise. Tradução de Myrian Talitha Lins. Belo Horizonte: Betânia, 1985.

THOMPSON, J. B. **Ideologia e cultura moderna**: teoria social crítica na era dos meios de comunicação de massa. Petrópolis: Vozes, 1995.

TOFFLER, A. **Powershift**: as mudanças do poder. 4. ed. Rio de Janeiro: Record, 1995.

TOFFLER, A.; TOFFLER, H. **Guerra e anti-guerra**: sobrevivência na aurora do terceiro milênio. Rio de Janeiro: Record, 1994.

bibliografia comentada

BOFF, L. **Igreja**: carisma e poder. Ensaios de eclesiologia militante. 3. ed. Petrópolis: Vozes, 1982.

Esse livro apresenta uma abordagem teológica da Igreja e dos desafios relacionados ao ministério cristão, destacando aspectos de uma teologia clássica e objetiva sobre como deve se desenvolver a Igreja, que serve ao povo como um mandato de Deus.

FOSTER, R. **Celebração da disciplina**: o caminho do crescimento espiritual. São Paulo: Vida, 1999.

Essa obra aborda aspectos fundamentais para a liderança cristã, destacando as disciplinas espirituais que são importantes para o líder em todas as etapas de seu ministério.

HAGGAI, J. **Seja um líder de verdade**. Belo Horizonte: Betânia, 1990.

Esse livro trabalha toda a base conceitual da liderança cristã, levando em conta os aspectos teóricos e práticos.

Capítulo 1

Atividades de autoavaliação

1. c

   O Brasil é um país no qual a religião ocupa um lugar de suma importância. Para os católicos, há um código de honestidade, de retidão e de afeição no interior do círculo familiar, com os pais, os amigos íntimos e os associados próximos, e outro código de denominação regulando a vida exterior, cujo modelo seria o do "caudilho". Esse modelo nasceu no Renascimento e seria fundamentalmente distinto do modelo que nasceu da Reforma Protestante, em que há a mesma honestidade, mas também a mesma competição que rege a vida pública e a vida privada (Corten, 1996, p. 135). Não se pode negar o fato de a cultura religiosa afetar os diversos aspectos da vida pública. O cidadão latino-americano vive o cotidiano entre as questões do Estado e da religião, e o desafio é encontrar o equilíbrio entre esses dois pontos, às vezes distintos.

2. a

A religião tem sido um palco, ou picadeiro, para exploração e abusos dos mais diversos. Pessoas sinceras e tementes a Deus se submetem a determinados sujeitos manipuladores e desejosos de destaque, que usam subterfúgios absurdos para lesar a boa-fé de indivíduos fascinados pela religião.

3. b

Em um contexto como o atual, cabe uma proposta libertadora a ponto de alcançar o indivíduo em todos os aspectos existenciais. Não seria exagero dizer que é preciso uma "libertação" (romper com determinados paradigmas) da religião que não conduz a Deus, mas ao mercado.

4. a

"Além das condições nas quais a vida é dada ao homem na terra e, até certo ponto, a partir delas, os homens constantemente criam as próprias condições que, a despeito de sua variabilidade e de sua origem humana, possuem a mesma força condicionante das coisas naturais. Neste contexto filosófico, as culturas são estabelecidas e perpetuadas entre os povos, e não foge à regra o povo latino. O que quer que toque a vida humana ou entre em duradoura relação com ela, assume imediatamente o caráter de condição da existência humana. Tudo que adentra o mundo humano, ou para ele é trazido pelo esforço humano, torna-se parte da condição humana. A objetividade do mundo – o seu caráter de coisa ou objeto – e a condição humana do mundo complementam-se uma à outra; por ser uma existência condicionada, a existência humana seria impossível sem as coisas e estas seriam um amontoado de artigos incoerentes, um não mundo, se esses artigos não fossem condicionantes da existência humana" (Moraes; Bignotto, 2001, p. 23).

5. b

Nossa tradição é de uma ética individualista e moralista para pequenas relações, o que se traduz em um legalismo negativista. Declaramos moral apenas aquilo que nos interessa. Falta construção para uma ética mais abrangente que envolva empresa, Estado etc.

Capítulo 2

Atividades de autoavaliação

1. c

   "Esse é seu paradoxo e seu drama.

   A raiz disso é que a potência busca a onipotência. Esse é o dinamismo autoexpansivo do poder, exposto de modo muito realista por Hobbes no *Leviatã*: 'O poder quer sempre poder e mais poder'" (Boff, 1992, p. 4).

2. d

   O poder deve ser exercido em função do fraco e do oprimido, não deve ser praticado ou exercido em função de si mesmo nem deve aproveitar a ignorância ou os valores distorcidos para manipular ou estimular o fascínio dos que não conseguem desenvolver uma concepção crítica ou analítica do modelo praticado.

3. a

   Se não admitirmos e praticarmos a ética cristã, cederemos espaço para a ética secular disseminada pela cultura política de nossos países. Sem essa conscientização, poderemos partir para a militância política apenas para tomar vantagens e buscar *status*, poder, prestígio ou bens materiais.

4. a

   De onde vem a fórmula *teologia da libertação*? A palavra *libertação* pertence ao léxico político da época do movimento de libertação nacional (1968). Quando a expressão *teologia da libertação* apareceu, o Brasil e vários países da América Latina estavam imersos em uma ditadura avassaladora, que tirava do povo todo tipo de iniciativa voltada para a liberdade. A expressão surgiu no léxico econômico com o par dependência/libertação. Emergiu, também, no léxico pedagógico.

Surgiu, então, no discurso teológico e tornou-se sua fórmula principal (Corten, 1996, p. 21).

5. b

Precisamos conhecer a história, saber de nossa herança, para que possamos traçar rumos eficientes com respeito ao futuro, não nos esquecendo de como fomos colonizados e como traços dessa colonização ficaram para trás.

"Na América, os portugueses, e mais ainda os espanhóis, construíram cidades para afirmar o seu poder, enfrentar as resistências indígenas e manter o império sob as ordens da monarquia. Ainda hoje as cidades mais antigas conservam os monumentos que são testemunhas do seu papel antigo. São cidades monumentais, formadas essencialmente dos palácios e de templos (com os respectivos conventos)" (Comblin, 1996, p. 87).

Capítulo 3

Atividades de autoavaliação

1. c

Segundo Berger (1985, p 26), "aquele que janta com o diabo da modernidade tem de ter uma colher comprida". Os movimentos gerenciais e terapêuticos são as duas forças culturais mais poderosas que têm sido aceitas, indiscriminadamente, pela Igreja. O perigo é pregar a renovação da Igreja por meio de técnicas gerenciais.

2. a

O evangelho é confrontador em sua própria natureza. Qualquer exposição do evangelho que não apresente um desafio ao incrédulo para uma conversão radical de pensamento e de atitude em direção a Deus e a Sua obra redentora em Cristo não é o mesmo evangelho pregado nas páginas do Novo Testamento.

3. d

Uma pastoral abrangente e relevante deve ajudar o indivíduo a desenvolver suas capacidades de criar, a ter esperança, a criar e a propor objetivos e propósitos grandes, assim como deve ser ampla a fé de um cristão.

4. a

O homem forma seu eu no interior de um processo de socialização, recebendo ou constituindo um universo objetivo e moral de significação. Ou seja, desde o nascimento, o homem vai incorporando um dado objetivo: um conjunto de significação da realidade, uma visão da realidade, uma concepção de mundo.

5. b

Após os primeiros movimentos de Lutero a fim de resgatar a devoção e conclamar a Igreja e o povo a se voltarem para Deus, o mundo parou, pensou e alguns concordaram que Deus deveria mesmo ser exaltado, enquanto outros continuaram servindo a Igreja como instituição. Entretanto, a Igreja deve seguir as normas de Deus, e não as dos homens.

Capítulo 4

Atividades de autoavaliação

1. a

"Deus está chamando líderes. Não detentores de poder. Nem artistas viciados [...]. Nem peritos em congratulações mútuas. Nem traficantes de influências. Nem demagogos exibicionistas, manipuladores de multidões. Deus está chamando líderes!" (Haggai, 1990, p. 16).

2. b

A sociedade mundial clama por líderes, na escola, na família, na política ou na Igreja, busca uma verdadeira liderança. O mundo não necessita de um elenco elitista que fale do amor de Deus e da compaixão enquanto se mantém isolado das pessoas de carne e osso.

3. a

O risco que líderes de igreja correm quando buscam beneficiar-se de modelos funcionais é poder facilmente negligenciar a importância do caráter espiritual desse processo.

4. c

Tentar padronizar comportamentos e ainda assim relacioná-los a padrões religiosos não foi o caminho usado por Jesus. Sua proposta pastoral passava pela convivência e pela identificação de habilidades pessoais, dons ministrados por Deus e disposição para o serviço, com os quais pescadores tradicionais se tornaram proclamadores de uma ideologia revolucionária: a fé cristã (Bíblia. Lucas, 2013, 10: 1-12).

5. a

Na geração atual, têm surgido homens e mulheres fortes em sua liderança a ponto de fazerem a diferença no contexto em que vivem. Podemos afirmar, com certeza, que é possível o surgimento de fortes lideranças em nossa sociedade, que não esqueçam nem negligenciem aspectos que precisam ser fortalecidos e trabalhados no caráter da liderança e enfatizem os valores do reino de Deus.

Capítulo 5

Atividades de autoavaliação

1. b

O chamado para o serviço pastoral (tem a conotação de trabalho em função de Deus e do próximo, por isso a abordagem como serviço) na Bíblia é vocacional, e não profissional.

2. a

"A renúncia dos Pais do Deserto teve grande poder de transformação. Eles renunciaram aos bens materiais a fim de aprender o desapego. Esses homens e mulheres adquiriram grandes liberdades quando renunciaram à necessidade de possuir" (Foster, 1999, p. 74).

3. c

   Precisa ter rumos claros e definidos para que possa ajudar outras pessoas em suas incertezas. Vivemos em uma época de indecisões, muitos vêm e virão até ao pastor para pedir orientações sobre decisões pertinentes à vida. Quando o pastor é indeciso, isso reflete em sua liderança.

4. d

   "Um líder pastoral competente recruta pessoas para participarem do processo de atingir a causa que ele escolheu apoiar. Jesus convenceu os homens que chamou para juntar-se a ele na construção de sua igreja de que o reino valia mais do que qualquer tesouro poderia custar para alcançá-lo. M. Rush expressou-o bem: "Apagar as velas de seus seguidores não tornará a sua mais brilhante, mas quando você usa a sua para acender as deles, você não só lhes fornece a luz como também multiplica o brilho de sua própria vela". Muitos de nós guardam lembranças boas daqueles que nos recrutaram para Deus, pois sua alegria e seu entusiasmo foram irresistivelmente contagiosos" (Shedd, 1993, p. 87).

5. a

   O recrutamento é fundamental; devemos nos relacionar com aqueles que estão dispostos a crescer e a servir a própria geração, pessoas dispostas a seguir determinado projeto, mesmo que isso custe muito, em todos os sentidos, principalmente em relação a outras ambições que são comuns para aqueles que não estão na liderança.

Capítulo 6

Atividades de autoavaliação

1. a

   O pastor cristão comprova sua liderança por meio do exemplo que dá aos fiéis.

2. b

Alguns pastores esquecem a própria humanidade porque se encantam com o poder de tal forma que ignoram suas fraquezas e ficam expostos aos mais diversos tipos de tentações.

3. a

A religião é um berço ou uma grande fonte de líderes autoritários, muitos dos quais não foram bem-sucedidos em diversas atividades e, ao chegarem ao evangelho ou a outras religiões, encantam com seu carisma "vazio e sem sentido". São pessoas de personalidade fraca e com desequilíbrios existenciais, voltados para as coisas místicas, que acabam por transferir suas dificuldades para indivíduos com carismas pessoais que não têm nada de honesto, sério, ético e compromissado com Deus.

4. c

Todos estão sujeitos ao erro, e a ocorrência deste depende muito da maneira como encaramos a situação e a disposição que temos para sermos ajudados a fim de nos recuperarmos dos problemas. Devemos admitir que sozinhos não conseguimos vencer, carecemos de ajuda honesta, competente, amiga e sábia de alguém indicado por Deus.

5. a

Devemos primeiro considerar a reflexão. É preciso estudar teologia, aprender a desenvolver teologia, pensar como Deus pensa, desenvolver e praticar uma hermenêutica que alcance o indivíduo em todas as dificuldades. Deve-se desenvolver programas que abordem questões teológicas, reuniões informais que tiram o peso do compromisso acadêmico, mas abram o coração e a mente para a teologia para buscar alternativas divinas que alcancem o homem nas suas necessidades básicas.

Referências

BERGER, P. L. **O dossel sagrado**: elementos para uma teoria sociológica da religião. São Paulo: Paulinas, 1985. (Sociologia e Religiões).

BÍBLIA. Português. Tradução de Almeida Revista e Atualizada. 1956. São Paulo: Sociedade Bíblica do Brasil, 2013.

BOFF, C. Teologia do poder (teses). In: ARROCHELLAS, M. H. **A Igreja e o exercício do poder**. Rio de Janeiro: Instituto de Estudos da Religião, 1992. p. 42-52. Disponível em: <http://www.centroestudosanglicanos.com.br/rev/4/teologia_poder_clodovis.pdf>. Acesso em: 29 dez. 2015.

COMBLIN, J. **Cristãos rumo ao século XXI**. São Paulo: Paulus, 1996.

CORTEN, A. **Os pobres e o Espírito Santo**: o pentecostalismo no Brasil. Petrópolis: Vozes, 1996.

FOSTER, R. J. **Celebração da disciplina**: o caminho do crescimento espiritual. São Paulo: Vida, 1999.

HAGGAI, J. **Seja um líder de verdade**. Belo Horizonte: Betânia, 1986.

MORAES, E. J. de; BIGNOTTO, N. (Org.). **Hannah Arendt**: diálogos, reflexões, memórias. Belo Horizonte: Ed. da UFMG, 2001. (Humanitas, v. 62).

SHEDD, R. P. **Nos passos de Jesus**: uma exposição de S. Pedro. São Paulo: Vida Nova, 1993.

sobre o autor

Cícero Manoel Bezerra

Coordenador do curso de bacharelado em Teologia na modalidade de educação a distância do Centro Universitário Internacional – Uninter; doutorando (fase final) em Teologia pela Pontifícia Universidade Católica do Rio de Janeiro (PUC-Rio), com pesquisa a respeito do poder eclesial e suas perspectivas midiáticas; bacharel em Teologia pela Faculdade de Ciências, Educação e Teologia do Norte do Brasil; especialista em Treinamento de Líderes pela Faculdade Teológica Sul Americana; e mestre em Teologia Pastoral pela Pontifícia Universidade Católica do Paraná (PUCPR), com pesquisa intitulada *Poder como serviço no contexto do Novo Testamento: perspectivas pastorais*, sob orientação de Clodovis Boff.

Com 30 anos de experiência como professor, trabalha no treinamento de líderes e na mobilização de lideranças estratégicas. É autor de 16 livros, entre os quais se destacam *Lideranças emergentes no contexto latino-americano*; *Liderança exemplar*; *Os Dez*

Mandamentos do professor; *Missão integral da Igreja* (Série Vida Excelente); *Seguindo o modelo do Mestre* (Série Vida Excelente); *Como viver uma vida simples*; *Igreja nas casas*; *Os Dez Mandamentos do líder de grupos caseiros*; *Segredos da evangelização: tarefa de muitos realizada por poucos*; *Influenciando gerações*; *Conversas sobre Jesus* (Série Conversas sobre o Poder); *Os desafios da Igreja na cidade*; *Conversas sobre espiritualidade*. Na cidade de Curitiba (Paraná), participa de atividades comunitárias por meio da mobilização de líderes cristãos e auxilia na organização do movimento Marcha para Jesus, que conta com a participação de aproximadamente 300 mil pessoas. Com experiência internacional, viajou para mais de 40 países para apresentar palestras e ações estratégicas. É professor na Faculdade de Teologia Betânia, em Curitiba, e no Instituto Brasileiro de Pós-Graduação e Extensão (Ibpex). Faz parte da Confederação Brasileira de Pastores e da Aliança Cristã Evangélica Brasileira e é coordenador do curso de pós-graduação da Faculdade Teológica Betânia, com experiência na área de produção editorial de livros.

Impressão:
Abril/2016